Angústia da concisão
Ensaios de filosofia e crítica literária

Abrahão Costa Andrade

São Paulo, 2005

© 2003 by Abrahão Costa Andrade

Todos os direitos desta edição reservados
Escrituras Editora e Distribuidora de Livros Ltda.
Rua Maestro Callia, 123 Vila Mariana 04012-100
São Paulo, SP – Telefax: (11) 5082-4190
e-mail: escrituras@escrituras.com.br
site: www.escrituras.com.br

Coordenação editorial
Nílson José Machado

Capa
Reginaldo Barcellos
(a partir do quadro *Le dernier cri*, de Magritte /1967)

Editoração
Vaner Alaimo

Revisão
Nydia Lícia Ghilardi

Impressão
Lis Gráfica

**Dados Internacionais de Catalogação na Publicação (CIP)
(Câmara Brasileira do Livro, SP, Brasil)**

Andrade, Abrahão Costa
Angústia da concisão: ensaios de filosofia e crítica literária /
Abrahão Costa Andrade.
São Paulo: Escrituras Editora, 2003.
(Coleção ensaios transversais)

ISBN 85-7531-068-2

1. Crítica literária 2. Ensaios brasileiros 3. Filosofia
I. Título. II. Série

03-0453   CDD- 869.94

Índices para catálogo sistemático:
1. Ensaios: Literatura brasileira   869.94

Impresso no Brasil
Printed in Brazil

Sumário

Apresentação 5

1. Ironia, cristianismo, história......................................7

2. A crise contemporânea no fim da filosofia 17

3. Mímesis e esquecimento...47

4. Finitude e infinitude em Paul Ricœur 65

5. J. L. Borges: alteridade 75

6. Ética e leitura: Ricœur e Dostoiévski 81

7. Angústia da concisão 91

8. Filosofia e realidade em Schiller 105

9. Heidegger, ciência e modernidade 121

10. Ação e liberdade em Sartre 139

11. O romance como aprendizado do grito 149

12. Filosofia e literatura 165

13. A literatura como incômodo................................173

Apresentação

Os ensaios aqui reunidos talvez nada tenham em comum senão o seu autor e, mesmo assim, contando que o mesmo homem não toma banho duas vezes no mesmo rio, decerto nem isso mesmo eles têm. Foram escritos em épocas diversas, com fins diversos e, na maioria das vezes, não visavam ser publicados. Eram acertos de conta com minha própria compreensão dos autores estudados; exercícios filosóficos de aprendiz; necessidade de diálogo e, como é o caso do primeiro deles (e do último), desabafos pessoais sublimados pela mais estrita e rigorosa análise de textos.

A iminente possibilidade de desemprego – a partir do que o presente torna-se um inferno – produziu este primeiro ensaio, um estudo sobre uma elegia (irônica) de um poeta meu conterrâneo; a busca inquietante e ainda não resolvida de um lugar na tradição do pensamento brasileiro no qual me situar produziu o segundo, sobre se existem pensadores brasileiros e quem seriam eles; o terceiro nasceu da necessidade de conhecer um pouco mais a década de meu próprio nascimento, os anos 1970, mediante uma pequena análise do *Poema sujo*, de Gullar; o quarto, o mais recente, poderia ser considerado um exercício de conferência e trata da relação entre a finitude e o desejo segundo Paul Ricœur; o quinto ensaio, escrito entre estreitas paredes de um quarto de estudante, na USP, é uma primeira tentativa de relacionar metafísica e literatura, com Borges, a partir da própria literatura; o sexto, ao contrário, procura este mesmo relacionamento, agora a partir da própria filosofia: um estudo comparativo de Ricœur e Dostoievski... O sétimo ensaio não é nada, claro, apenas um estudo da obra poética de Rubens Rodrigues Torres Filho, cujo trabalho sempre me fascinou. O oitavo estudo é a versão cem vezes modificada de parte de minha monografia de final de curso de Graduação em Filosofia, um estudo sobre Schiller. O nono é uma tentativa de conceituar a modernidade do ponto de vista estritamente filosófico; seria porventura o resultado tardio de uma antiga pesquisa, iniciada ainda na Graduação, sob a orientação do Professor Giovanni Queiroz, meu amigo. O décimo é outro exercício de leitura de texto: ação e liberdade em Sartre. O décimo primeiro interroga um texto literário em sua relação com o mundo histórico brasileiro, tanto quanto com a formação da identidade pessoal. O décimo segundo é uma apresentação do modo de trabalhar de Benedito Nunes, autor cujos passos intelectuais acompanho com supremo interesse. O último, como o primeiro também sobre um conterrâneo, é um libelo, uma tentativa de intervenção contra os donos da palavra de meu tempo e a favor de um trabalho literário que ultrapassa a mera promessa de vir a ser uma obra considerável.

O possível leitor pode ler (e não ler) qualquer um desses textos em qualquer ordem (ou desordem). Tanto faz. O importante é que, a partir de agora, eles não precisarão mais ser reescritos; pois, se alguém os lê, eu já não mais os possuo.

A. C. A.

1

Ironia, cristianismo, história*

Para Natália,
sem mais.

Valéry, contemplando o Mediterrâneo, criou a metáfora do mar como um cemitério. Vasto depósito de coisas mortas, não é contudo propriamente uma casa, embora possua (ou seja) um "telhado tranqüilo" onde "marchent des colombes". Vanildo Brito, poeta paraibano, mentor da chamada geração 58, criou o avesso da metáfora valeryana, considerando o cemitério como um "mar emparedado"[1]. Se, porém, ao contemplar o Mediterrâneo, podemos vislumbrar uma parte significativa da história européia, uma visada sobre o significado do cemitério talvez possa também ensejar uma meditação a respeito de uma das vertentes culturais axiais que formam a civilização ocidental, o cristianismo. Uma e outra metáforas, malgrado as diferenças, podem, é o que parece, constituir um convite a pensar certos aspectos de nossa própria história. Mas vejamos o poema:

---

* Escrito em 1998 e publicado originalmente em: ODISSÉIA, vol. 7, n. 9-10, Natal-RN, 2002.

[1] Cf. BRITO, V. "Elegia". Em: *Sinal das horas* e *Canções de amor para Inalda*. João Pessoa: 200 Livraria, 1987.

"Quando enublou-se o lume do meu sol
E se tornaram alvas minhas têmporas,
Tardos os passos, úmido o semblante,
Vi a face do tempo em cego espelho.
Não era o fulvo e maturado tempo
que se mirava nos meus olhos baços,
Mas um tempo vazio, carcomido
Pelo estigma da dor e da tristeza.
Diante do abismo da implacável morte
Em vão busquei o constelado espaço
Mas os de outrora fulgurantes astros
Sobre a minha cabeça escureceram.
As terras percorri e os horizontes
Do aberto mar em sonhos desatados.
Escuro via apenas, se é que via
Alguma coisa em meu olhar opaco.

Eis que me fico. Sobre as derribadas
Faces, a névoa das ardentes lágrimas.
Depois secam-me os olhos. E me sinto
Esvaziado ante esse tempo nu.
Por fim me calo. E permaneço quedo
E escurecido, náufrago rochedo
Nos desvãos desse mar emparedado,
Até que venha a sempiterna face
Redimir-me da sombra que me cerca."

A uma primeira leitura o texto deixa entrever um movimento seqüencial, que vai da descrição do declínio, agonia, delírio e morte (seguida de paz) do sujeito lírico até a manifestação de sua esperança (cristã) de remissão. É esse filão que gostaríamos de acompanhar, já que esse movimento 'seqüencial' parece antes dizer respeito àquele objeto tão inefável para a tradição do pensamento ocidental – o tempo.

Ao contemplar-se no espelho, é de fato o tempo o que finalmente o poeta contempla. Que se recorde, então, a famosa tirada de Santo Agostinho: "O que é o tempo? Se ninguém me pergunta eu sei; se me perguntam, já não sei mais". O poeta, no entanto, o contempla. Mas, e isso é evidente, a condição pela qual esta contemplação se torna possível é a de que se utilize o contrário do que utilizou aquela tradição: o tempo, enquanto objeto de investigação filosófica, deveria ser abarcado pela luz natural da razão; mesmo Agostinho, que tudo coloca nas mãos de Deus, pede que Este o *ilumine*. No caso presente, contudo, a contemplação do tempo se dá quando tudo se torna cego e opaco. Ele mesmo, vazio e carcomido, identifica-se com a face do envelhecido sujeito lírico.

No início do poema, com efeito, as únicas imagens de luz que aparecem vêm denegadas: o lume e o sol ("o lume do meu sol") foram "enublados". A brancura das têmporas, da qual se poderia haurir um 'sema' de luz e de sabedoria (ou lucidez) atingida com a idade, não funciona como tal, uma vez que se contamina semanticamente com outras palavras cujo sentido forte marca o lugar do deperecimento, como os "passos tardos" e o "úmido semblante", que, ao lado do "cego espelho" – terrível melancolia – fortalece a cena da decrepitude, escuridão, lodo, ou o que quer que seja escorregadio e "terreno":

"E se tornaram alvas minhas têmporas,
Tardos os passos, úmido o semblante (...).
Em vão busquei o constelado espaço"

Neste mesmo sentido, assim como o sujeito lírico só pôde contemplar o tempo numa situação de decrepitude, também o tempo contemplado, como notamos, não aparece na fulgurância que se gostaria. "Não era o fulvo e maturado tempo", diz o poema. Vazio e carcomido o próprio tempo, o que se via, no rosto do poeta, era antes a suma de anos mal vividos. Cicatrizes da dor e da tristeza.

A primeira estrofe se constrói de modo a demorar-se na descrição desse malogro da existência. Assim, é vão o seu esforço de, sob a iminência da morte, recorrer ao amparo das regiões celestiais. O que outrora foi promessa de luz e salvação – o céu estrelado –, ou se não promessa pelo menos sinal, agora jaz escurecido, eclipsado, ausente:

> "Em vão busquei o constelado espaço
> Mas os de outrora fulgurantes astros
> Sobre a minha cabeça escureceram"

Desse modo, solitário e desamparado, o poeta se desequilibra no abismo dos devaneios, os "sonhos desatados", e, náufrago de um mar aberto, afunda-se na escuridão da morte.

Os verbos que compõem esta primeira estrofe estão todos eles no pretérito (perfeito e imperfeito). A isto atribuo o movimento peculiar de que se constitui esta parte do poema. O pretérito perfeito marcaria os pontos da decrepitude ("enublou-se o lume", "busquei em vão", etc.), ao passo que o imperfeito possibilitaria a precipitação rumo ao desfecho de morte (o tempo "não era" fulvo, "via" apenas escuro). A verdade dessa correlação entre os verbos no pretérito e a configuração do movimento, se existe, parece se confirmar, pelo seu contrário, com o uso do presente abundante na segunda estrofe e o conjunto de partículas de sentido (ou semas) que indicam repouso.

O presente, com efeito, é o tempo da permanência. No *Poema* de Parmênides, a insistência por negar o tempo e afirmar a eternidade se deixa ver no aspecto eterno do Ser que nem pode não ter sido antes nem pode deixar de ser depois, mas que permanece eternamente *presente*. O poeta não desconhece este fato, e o explora com a devida procedência. Quando tudo se escurece na primeira estrofe, ou seja, quando a morte devém, no nível da configuração do poema engendra-se o salto para a eternidade: passa-se para a segunda estrofe (a outra face da vida? a vida pós-morte?), onde os verbos e os substantivos assinalam o sentido da permanência ("fico", "faces derribadas", "quedo", "mar emparedado", "rochedo").

Há que se observar ainda que às imagens da permanência se adere o sentido de prisão, tanto é assim que a remissão, se houver, será da "sombra que me cerca". O presente, e a eternidade para onde salta o poeta, não são propriamente um alívio; são antes um enclausuramento.

Com efeito, enquanto na primeira estrofe, sob a dor e a tristeza, poder-se-ia percorrer terras e horizontes, ainda que no delírio dos "sonhos desatados", quando cessam os tormentos e definha o corpo, cessa também a liberdade. E é só então que se manifesta a esperança de salvação, reservada, no texto do poema, aos dois últimos versos.

Ora, da mesma forma que foi perceptível (se foi) o uso diferenciado dos tempos verbais na primeira e na segunda estrofes, não se poderia chamar atenção também para o fato de que, enquanto a primeira estrofe se estende por longos dezesseis versos, a segunda só possui nove? Por que será que a segunda é tão menor que a primeira? Para satisfazer a esta curiosidade, penso, haveríamos de notar que a tão falada ironia da modernidade, um dos dois fulcros e vetores de sua poética[2], não se manifesta somente nas tiradas visivelmente corrosivas (e fulgurantes) de tantos poemas modernistas ou não. Sua eficácia deve incidir na própria estrutura da poesia,

---

[2] Segundo Octavio Paz, o outro seria a analogia. Cf. PAZ, O. *Os filhos do barro*. Do Romantismo à vanguarda. Rio de Janeiro: Nova Fronteira, 1984, p. 93.

estrutura que, no caso do texto em foco, podemos depreender pela análise da sua composição.

De fato, num nível menos profundo (o que acabamos de percorrer), nosso poema – uma elegia – descreve o declínio, a agonia, o delírio e a morte do eu lírico, seguido da paz (enclausurante) e da esperança (cristã) de remissão. Nesse nível temos uma espécie de fenomenologia (no sentido fraco do termo, isto é, uma descrição de uma certeza sensível, pouco explorada pelo pensamento), de certo aspecto do cristianismo (uma vida de sofrimento que se repara pela esperança de salvação). Se nos detivéssemos aqui, diríamos tratar-se de um poeta *cristão,* e resolveríamos toda a análise.

Sói observar, entretanto, que, cristão ou não, trata-se antes de um poeta. E como já se disse que, para além da Igreja, o fiel pode *pensar* por conta própria, deve-se imaginar que, nesta dimensão, a ele não pode ser negado *poetar* por conta e risco. Quando não porque a poesia é também uma forma de conhecimento. Assim, é necessário averiguar como o poema, para além do que apresenta superficialmente, se tece de modo a orquestrar um material que leva a pensar (sob a égide da ironia, claro) isto a que estamos ligeiramente chamando de cristianismo.

Um primeiro sinal – estrutural (ou de composição, como se queira) – da ironia seria o fato de a elegia (tradicionalmente uma espécie de canto fúnebre dedicado a um ente querido) ser na verdade uma auto-elegia, pois é o eu lírico que narra sua própria morte e proclama sua esperança de salvação. Contudo, de que tamanho é esta esperança? E, se para figurar o deperecimento utilizaram-se verbos no perfeito do indicativo, para assinalar o movimento rumo à morte, foi usado o imperfeito do indicativo e para configurar a eternidade passou-se ao presente do indicativo, de que tempo e modo verbais o poeta lançou mão para tornar patente sua esperança de salvação?

"Até que venha a sempiterna face
Redimir-me da sombra que me cerca"

O verbo "vir", carregado de toda uma tradição querigmática e escatológica, está no presente do subjuntivo. Como se sabe, enquanto o modo indicativo é modo da certeza, o subjuntivo é o modo da dúvida. O poeta dedica mais de quinze versos para mostrar-se no deperecimento, no declínio de seus dias, para dizer que viveu sob o signo da dor e da tristeza, para mostrar que se encontra na escuridão e no desamparo; gasta, ainda, mais sete versos (e vale notar que o sete é um número cabalístico, e envolve o infinito) para denotar sua prisão sob o estado de morte; ao passo que à manifestação de sua esperança, túmida de dúvida porquanto expressa no subjuntivo, deixa apenas dois versos. O tamanho de sua esperança, para retomarmos um título proscrito de um Autor famoso, não é assim nada avantajado.

Dissemos acima que a primeira estrofe se desenvolve na determinação do malogro existencial. Talvez possamos acrescentar agora, retomando o fato de ter sido talhada com verbos no passado, que ela descreve o movimento *histórico* da existência humana. Aqui, como no passado histórico, estamos a braços com tudo o que é deperecível, porquanto temporal. Se a estrofe se alonga sob o vazio e carcomido tempo, sob o estigma da dor e da tristeza, sob o desamparo das regiões celestiais, sob a falta de luz dos olhos baços, alonga-se porque, também sob esta condição (é o que se tem visto) escorrem-se a existência e a sua história. Os sete (infinitos) versos que cobrem a prisão da eternidade, por sua vez, marcam ainda a desventura humana, que ao livrar-se da penúria, perde enfim a liberdade: mortos, jazemos "nos desvãos desse mar emparedado", o cemitério. (Significativa, aliás, essa aproximação entre a vida do corpo e a noção de liberdade. Com efeito, por que será que o poeta, ao se referir neste momento ao tempo, diz ser ele "nu"?)

Assim, e no que diz respeito à esperança, como ela, segundo o jargão popular, é a última que morre, seu lugar no poema se inscreve nos últimos versos e, para completar a desolação fatal em que vive o homem, a ela só tem acesso sob a dúvida. O parco lugar da esperança, se damos cartaz às correlações anteriores por nós indicadas, deve denotar que a própria esperança é parca.

A se deter, então, nos sete primeiros versos da segunda estrofe, nota-se que a eternidade ali plasmada o é sob a égide do tempo presente. Palavras como "ardentes lágrimas", que de certo modo fazem lembrar labaredas de fogo, "rochedo", "mar emparedado", além de "faces derribadas", "quedo" e "escurecido" criam um campo semântico que dificilmente não nos levaria a pensar no inferno, ainda mais porque a palavra 'inferno' parece ter a mesma origem de 'tumba', o que fica no chão. Ainda mais porque o inferno é o lugar do "baixo", do "fechado" (cf. "emparedado"), etc. Desse modo, talvez se pudesse dizer que, se do ponto de vista do passado (a primeira estrofe), a existência humana se forma no sofrimento, do ponto de vista do presente o que se tem é a idéia de que vivemos num eterno inferno, ou num presente eternamente infernal.

Interpretação cabível, decerto, se recordarmos mais uma vez que, se se trata de uma elegia, trata-se mormente de uma elegia pessoal, o que quer dizer que o poeta ainda não está morto (ou só o está na medida em que viver é estar submetido a este inferno peculiar da história humana), e que o inferno, ao estar etimologicamente ligado a noção de tumba (o que fica fechado, no chão), indica ainda certo elemento terrenal, sublunar, mas principalmente histórico.

Deste modo, mais que uma elegia cristã, o poema pode vir a ser entendido como um lamento histórico, a dizer que passamos a vida sofrendo, a denunciar que nosso presente, tal como está, é insustentável, já que há de vir, ainda que duvidosamente (e neste sentido o poeta instaura um pessimismo dentro do otimismo, o que o salva do compromisso com qualquer fanatismo, e garante ao poema a sobriedade que faz dele uma peça efetivamente moderna[3]), o Messias, a sustar a continuidade do presente infernal.

Ora, o Messias é a "sempiterna face", isto é, a verdadeira eternidade. E, no entanto, há de emergir no tempo[4]. Ele é, neste sentido, a incidência de uma outra eternidade no tecido da má eternidade, o presente infernal. A prova disso estaria na expressão "até que venha", onde o "até", ao sugerir um intervalo, deixaria entrever mais uma vez o sentido do tempo.

O inusitado desta expressão, na qual o eterno comunga com o temporal, parece mostrar a ironia trabalhando nos interstícios da linguagem poética, nos convidando a pensar nossa própria condição humana de ser histórico.

---

[3] Cf. BRITO, J. B. "O rendimento da forma fixa em Vanildo de Brito". Em: *Poesia e leitura: os percursos do gozo*. João Pessoa: FUNESC, 1989, p. 171.

[4] Cf. BENJAMIN, W. "Sobre o conceito de História". Em: *Magia e técnica, arte e política*. São Paulo: Brasiliense, 1994. Cf. tb. MATOS, O. "A história barroca". Em: *Os arcanos do inteiramente outro*. São Paulo: Brasiliense, 1995.

2

A crise contemporânea no fim da filosofia

O objetivo deste trabalho é levantar e desenvolver a hipótese segundo a qual com o proclamado fim da filosofia européia torna-se obsoleto e anacrônico o intento de se construir sistemas filosóficos, de modo que, se o Brasil não tem um, isso ocorre menos por uma congênita incapacidade de especulação que por uma involuntária sintonia com o espírito do tempo.

Simultaneamente, procurar-se-á mostrar que, com o fim da filosofia como sistema, muito ainda resta a fazer em termos de pensamento crítico, e nisto o Brasil tem relevantes contribuições.

A) Existem filósofos brasileiros?

Talvez um grande abuso historiográfico possível seja a tentativa de buscar, na tradição intelectual brasileira, um pensamento filosófico capaz de constituir algo passível de ser chamado "uma filosofia brasileira".

As razões disso são várias – e muitos já atinaram para algumas delas: desde a alegação segundo a qual a filosofia é universal e, como tal, não pode ser nem brasileira, nem alemã ou francesa, italiana ou inglesa (embora a própria noção de universal seja uma conquista histórica, herdada dos gregos), até a afirmação de que nunca encontraríamos algo (como uma filosofia) num lugar não existente (a tradição intelectual brasileira)[5]. Com efeito, uma tradição intelectual implica uma constante revisão do que já foi feito a fim de que se possa fazer algo de novo, mas entre nós grassa o apego irrefletido às modas européias, uma após outra, sem conexão, continuidade ou verdadeira ruptura.

Pois não há deveras ruptura senão contra aquilo que se conhece em profundidade. E o apego às modas exóticas resulta muitas vezes em desprezo pela produção local. Desse modo, um sistema intelectual brasileiro dependeria de uma dialética de continuidade e ruptura em relação à produção local e, no Brasil, haveria antes apenas manifestações intelectuais isoladas que um verdadeiro sistema de pensamento[6].

No entanto, não posso esquecer que o século XX se fechou, muita reflexão a este respeito foi feita, e escrevo em pleno século XXI, depois dessas reflexões. Isso, salvo engano, autoriza-me a pôr uma vez mais a questão, esperando pô-la sob um outro ângulo e de modo a haurir uma resposta diversa.

Existem, pois, filósofos brasileiros? Sim ou não?

A resposta a esta pergunta me parece fácil. Por ser fácil, corre o risco de ser apreendida muito rapidamente e o risco dessa rapidez pode acarretar incompreensão ou mal-entendido.

Assim, antes de oferecê-la de uma só vez, cumpre precisar alguns termos. É necessário balizar o caminho no qual ela pode explicitar-se sem atropelos. Todavia, minha

---

[5] Cf. PRADO Jr., B. O problema da filosofia no Brasil, in: *Alguns ensaios*. Filosofia Literatura Psicanálise. São Paulo: Paz e Terra, 2000.

[6] Desnecessário dizer que retomo, aqui, idéia corrente de Antonio Candido, quando fazia o inventário de nossa tradição literária. Cf. CANDIDO, A. *Formação da literatura brasileira*. Belo Horizonte, Itatiaia, 1975.

resposta é que, no Brasil, coisa que não falta são filósofos, e às vezes muito bons. Embora isso, aqui, não interesse.

Mas o que é um filósofo? Há, na universidade brasileira (o lugar por excelência dos filósofos contemporâneos), um mito – e é forçoso dizer tratar-se de um mito, e de um mito cuja demitificação faz-se premente – segundo o qual os filósofos são os outros (em geral os estrangeiros, ou os que falam alemão...), nós mesmos somos apenas professores de filosofia. Isto é um mito não só porque a realidade é bem outra, mas também porque impede e dificulta a possibilidade de se apreender a verdadeira realidade. Isto, que parece um gesto de franca humildade, é no fundo uma atitude de suprema soberba. O que aparece como sóbria modéstia, não passa no íntimo de frívola mistificação.

Sejamos, no entanto, justos. Não há mito por trás do qual não haja resíduos de verdade.

A resposta à pergunta pelo que seria, nesse mito, o resíduo de verdade nos levaria a responder também o que aí vem mistificado. Os professores de filosofia são filósofos, sim – amantes do saber, dotados de uma *quedinha* por ele –, o que eles não são, na grande maioria das vezes, é pensadores. Ao ressentimento deste fato seja, quem sabe, imputada a gênese daquele mito... E o que é mistificado nessa concepção é a possibilidade, aqui entre nós, de os verdadeiros pensadores não estarem nas faculdades de filosofia, lidando com filosofia.

Os pensadores, aqueles que dizem algo de real inter-esse (aqueles que falam por dentro – *inter* – do ser, *esse*), passam muitas vezes despercebidos naquelas faculdades. São, por exemplo, ignorados pelos alunos de filosofia, por preguiça mental ou simplesmente porque seus professores, talvez para robustecer o mito, talvez por inadvertido acerto, ensinam-lhes que os filósofos, como o inferno, são, como dissemos, os outros, Sócrates e Platão, Kant e Hegel, Sartre e Descartes.

Quando, assim, perguntam, e às vezes sem o menor interesse, se existem filósofos brasileiros, há sem dúvida implícita nessa indagação certa noção precisa de filosofia. A filosofia é sistema. E, se por sistema entendemos um conjunto de conhecimentos sustentados em um único princípio capaz de ordenar as partes pela idéia do todo, então não existe filósofo brasileiro. Mas a filosofia, além de sistema, é amor do sistema, e nosso trato com o platonismo, o hegelianismo, o espinosismo, etc. também é filosofia. Quem estuda Malebranche pode muito tranqüilamente considerar-se filósofo. Não estará sendo imodesto. Agora, entre um estudo rigoroso de Fichte, por exemplo, e o desenvolvimento de uma idéia acerca de si mesmo e do mundo, de si mesmo e dos outros, sem autocomiseração e com responsabilidade, há, sem dúvida, alguma distância. Nela germina o pensador.

A crítica literária – aquela capaz de pensar juntas literatura e história – tem sido uma fonte considerável para a construção deste intervalo. Mas isto, evidentemente, não é dito para dispensar-se o estudo da filosofia. Muito pelo contrário. Também há pensadores entre os filósofos atuais. Antonio Candido dizia: "Tenho a impressão que no dia em que um brasileiro for capaz de escrever um trabalho original sobre alguns dos problemas filosóficos abstratos, estaremos vendo um progresso real e efetivo, porque estaremos presenciando a nossa integração na atividade criadora do espírito moderno". Não darei exemplos para não deixar ninguém de fora, mas o fato é que este dia já chegou. As novas gerações, como a minha, que se cuidem, se apenas repetirem a autoproclamação de falência daqueles que, como Paulo Arantes, no final do século XX, denunciaram a escassez de filosofia no Brasil, enquanto sub-repticiamente elaboravam seu próprio sistema de pensamento[7].

---

[7] O livro *Ressentimento da dialética* (para não falar do conjunto da obra), de Paulo Arantes, e mais precisamente o pequeno ensaio "Idéia e ideologia" (que vale por esse conjunto) dá o justo testemunho do que acabo de insinuar.

É preciso estar atento para o que se abre a nós outros como tarefa para o nosso pensamento.

Isso exige um certo diagnóstico da própria situação atual do pensamento e da história, para não perdermos de vista a exigência de pensar, num mesmo movimento, conceitos e experiência contemporânea de mundo.

B) A crise contemporânea

Há mais de uma maneira de se caracterizar a crise contemporânea. Do mesmo modo, há mais de uma maneira de relacionar esta crise com o problema da literatura. Aliás, alguém já notou que o advento da literatura como problema é coetânea do pronunciamento de nossa crise[8].

Sem dúvida esta é uma crise política – e nisto tem, ao lado de seu aspecto econômico, uma incrível capacidade de mudar de figura, pois o que chamamos sob os aspectos econômicos e políticos de "crise contemporânea" hoje não é certamente o mesmo que chamaríamos, por exemplo, em 1848 e, no entanto, sob mais de um prisma permanecemos coevos em relação ao fracasso que foram as revoluções desse ano "marco-histórico"[9]. Neste sentido, a crise contemporânea é sem dúvida também uma crise histórica, tanto na acepção de que já se tornou uma crosta espessa de nossa cultura ocidental, quanto no sentido de que se coloca também como uma crise da história, e não é nenhum acaso que muitos falam, a partir de 1950, pelo menos, de "fim da história", "fim das utopias", "fim das ideologias", como de resto também em "fim da filosofia".

Mas, a propósito, não é de nenhuma dessas crises ou de nenhum desses aspectos de uma mesma crise que gostaria de

---

[8] Cf. FOUCAULT, M. *As palavras e as coisas*. São Paulo: Martins Fontes, 2000.
[9] Cf. ARANTES, P. E. *O fio da meada*. São Paulo: Paz e Terra, 1997.

falar, senão precisamente da "crise contemporânea" na proclamação do "fim da filosofia".

É preciso, primeiramente, que escutemos mais de perto as duas palavras formadoras do primeiro segmento de nosso tema: "crise" e "contemporânea". Segundo certa formulação lapidar, "crise – é preciso não esquecê-lo – vem de crítica, *krisis*, em grego, que significa tanto juízo crítico quanto a oportunidade para exercê-lo"[10]. É lapidar esta asserção porque guarda em sua própria definição a ambigüidade da coisa definida. A crise é "tanto" e é "quanto" porque é, justamente, o nome de uma situação ambígua, posta a solicitar uma escolha ou, ao menos, a oferecer uma gama de alternativas concorrentes. Uma crise, nesses termos, é uma "situação crítica", não só no sentido transcendental de escavação de condições de possibilidade, como ainda no sentido mais corriqueiro, de quando nos encontramos num momento difícil de sustentar ou de nele nos sustentarmos.

Dizer que a crise significa um juízo crítico pode então querer dizer, por um lado, que ela dá significado ao uso do juízo crítico, isto é, ela é a condição de possibilidade de uma reflexão capaz de entrar em ação em vista de uma decisão, ainda que se mantenha perpetuamente indecisa, no sentido de discernir coisas confundidas e, na confusão, divisar o poder de coordenar os pontos de vista díspares. Mas, por outro lado, exercer o juízo crítico é confirmar a existência prévia de uma situação desesperadora ou embaraçante. Numa palavra, a crise suscita a crítica e a crítica dá forma à crise que a ensejou. Ademais, é preciso não esquecer o seguinte: expor um problema é já um modo de iniciar sua solução, de superá-lo.

Isto posto, o que seria nossa "contemporaneidade"? Esta palavra tem pouco sentido fora de sua relação com

---

[10] Cf. NUNES, B. *Crivo de papel*. São Paulo: Ática, 1998, p. 151.

duas outras: antepassado e posteridade. Contemporâneos são aqueles que herdam de predecessores e legam a sucessores: os contemporâneos são aqueles que se posicionam num mesmo tempo, o presente, mas o tempo presente não tem qualquer inteligibilidade senão quando relacionado com o tempo passado e o tempo futuro. "Há um campo *histórico* de experiência porque meu campo temporal está relacionado a um outro campo temporal por isto que tem sido chamado uma relação de emparelhamento (*Paarung*). Segundo esta relação de emparelhamento, um fluxo temporal pode acompanhar um outro fluxo. Bem mais, este 'emparelhamento' parece não ser senão um corte num fluxo englobante no seio do qual cada um de nós tem não somente contemporâneos, mas predecessores e sucessores. Esta temporalidade de ordem superior tem uma inteligibilidade própria, segundo categorias que não são somente a extensão de categorias da ação individual (projeto, motivação, imputação a um agente que pode o que ele faz). As categorias de ação comum tornam possíveis relações específicas entre contemporâneos, predecessores e sucessores, dentre as quais a transmissão de tradições, enquanto esta transmissão constitui um liame que pode ser interrompido ou regenerado"[11]. É por isso que podemos dizer, por exemplo, que os jovens hegelianos são nossos contemporâneos[12], assim como nós mesmos, em muitos aspectos, ainda por exemplo, permanecemos contemporâneos de Th. W. Adorno.

Isto significa que, considerados numa certa perspectiva (justamente a perspectiva do fim da filosofia), os jovens hegelianos de esquerda são predecessores de Adorno e nós,

---

[11] Cf. RICOEUR, P. *Du texte à l'action*. Paris: Seuil. Point Essai, 1986, p. 251.
[12] Cf. REPA, L. S. Notas sobre a contemporaneidade dos jovens hegelianos, in: CADERNOS DE FILOSOFIA ALEMÃ, São Paulo, FFLCH, n. 1, 1996.

se quisermos (ou pudermos) somos ou seremos sucessores deste último. É nesta perspectiva, ainda, que somos, como dissemos, contemporâneos de 1848 e, com Adorno, podemos afirmar que a "filosofia, que pareceu uma vez ultrapassada, mantém-se em vida porque o seu instante de realização foi perdido"[13]. É a perda deste instante de realização, com efeito, o que condiz com a crise contemporânea. Ou dito de outro modo, a crise atual é o reconhecimento e a experiência de que o instante de realização da filosofia – a conciliação do universal e do particular – foi, por volta de 1848, simplesmente deixado passar, foi gorado.

A este respeito, articulando magistralmente as noções de "crise" e "contemporaneidade", Paul Ricœur escreve: "O próprio Kosellek sublinha que a época moderna é caracterizada, não somente por um retraimento do espaço de experiência que faz com que o passado pareça mais longínquo à medida que se torna mais acabado (*révolu*), mas por um afastamento crescente entre o espaço de experiência e o horizonte de expectativa. Não vemos de fato recuar num futuro demais a mais longínquo e incerto a realização de nosso sonho de uma humanidade reconciliada? A tarefa que, para nossos predecessores, prescrevia a marcha desenhando o caminho transmuda-se em utopia, ou melhor, em ucronia, o horizonte de expectativa recua mais rápido do que nós avançamos. Ora, quando a expectativa não pode mais se fixar num futuro *determinado*, balizado por etapas *discerníveis*, o próprio presente se acha dilacerado entre duas quedas, a de um passado ultrapassado, e a de um último que não suscita nenhum penúltimo assinalável. O presente assim cindido nele mesmo se reflete em 'crise', o que talvez seja

---

[13] Cf. NOBRE, M. *A dialética negativa de Th. Adorno*. São Paulo: Iluminuras, 1998, p. 21.

uma das significações maiores de nosso presente" (cf. Ricoeur, 1986: 303-4). Ao presente cindido, em crise, corresponde uma forma de pensar abstrata, posta a separar sujeito e objeto, consciência e história. À realização do sonho de uma humanidade conciliada corresponde a construção de um pensamento concreto no qual o particular e o universal, o eu e o mundo sejam pensados juntos.

C) O fim da filosofia

Assim como há mais de uma maneira de falar da "crise contemporânea", assim também há mais de uma maneira de falar do "fim da filosofia".

Este tema já pode ser antevisto em Hegel e, neste autor, o fim da filosofia coincide com uma sua realização. O fim, ou a realização da filosofia, em Hegel, corresponde à conquista da identidade entre o subjetivo e o objetivo, o real e o ideal na substância que é sujeito, ou seja, no Espírito Absoluto concebido como história cristalizada em pensamento. "Essa substância, que é o espírito, é o seu vir-a-ser para ser o que é em si; e só como esse vir-a-ser refletindo-se sobre si mesmo ele é em si, em verdade, o *espírito*"[14]. Sendo que a verdade desse espírito não se dissocia da efetividade deste movimento de vir-a-ser, que é história.

Com efeito, "o movimento, que faz surgir a forma de seu saber de si, é o trabalho que o espírito executa como *história efetiva*" (cf. Hegel, 1992: 216). Com esta história, a filosofia chega ao fim, ou se realiza, porque o que tinha suscitado a sua necessidade, aquela dissociação entre o fenômeno e a coisa em si, o subjetivo e o objetivo, o ideal e o real, dissociação que caracteriza certo movimento anterior a Hegel e o faz pensar, pois, dizia ele, a

---

[14] Cf. HEGEL, G. W. F. *Fenomenologia do espírito*, v. II. Petrópolis: Vozes, 1992, p. 215.

inclinação por um ou outro lado desses pares ainda não é filosofia mas, justamente, proclamação de sua necessidade, de carência dela[15], aquela dissociação desaparecia justamente pelo esforço da filosofia que, para Hegel, se faz afinal *Ciência*, ciência da lógica capaz de conceber a identidade entre ser e pensar. "Essa igualdade consiste em que o conteúdo recebeu a figura do Si. Por isso, o que a essência mesma, a saber, o *conceito*, se converteu no elemento do ser-aí, ou na *forma da objetividade* para a consciência. O espírito, *manifestando-se* à consciência nesse elemento, ou, o que é o mesmo, produzido por ela nesse elemento, *é a ciência*"(cf. Hegel, 1992: 213). Isso, pelo qual o real efetivo é racional e o racional é real efetivo levou Hegel a acreditar que a filosofia, como a medicina em um mundo habitado somente por sadios, encontrou sua destinação última e, por isso mesmo, está esgotada, satisfeita de si, terminada.

Por ironia da história, depois da morte de Hegel não foram poucos os que tomaram esta conclusão ao pé da letra e consideraram como morto o próprio sistema hegeliano, tanto o seu modo de proceder e pensar, quanto os problemas por ele pensados. O positivismo tem mais ou menos essa época como data de seu nascimento e florescimento... É também a partir dessa data que a especialização dos saberes leva as ciências particulares a se destacarem da tutela da filosofia. O grande acontecimento cultural que foi o historicismo alemão[16] definiu-se a esta altura claramente em oposição aos herdeiros diretos

---

[15] "A cisão é a fonte *do estado de necessidade da filosofia* e, enquanto formação cultural da época, o aspecto dado da figura. Na formação cultural se isolou do Absoluto aquilo que é a parição fenomênica do Absoluto, e se fixou assim mesmo como coisa independente" (cf. HEGEL, G. W. F. *Diferencia entre el sistema de filosofía de Fichte y el de Schelling*. Madrid: Alianza, 1989, p. 12).

[16] Cf. AMARAL, M. N. de C. P. Dilthey e o problema do relativismo histórico, in: *Período clássico da hermenêutica filosófica na Alemanha*. São Paulo: Edusp, 1994.

do sistema hegeliano. Mas o cisma mais significativo talvez tenha sido aquele brotado dos próprios adeptos da filosofia de Hegel. Notadamente, a posição dos hegelianos de esquerda, ou dos chamados jovens hegelianos.

Antes de prosseguirmos, porém, notem que, se a realização da filosofia em Hegel significa o fim de uma crise, precisamente o que se convencionou chamar, a partir de Kant, da crise da modernidade[17], com a advertência de que essa "realização" não ocorreu efetivamente sobrévem o reconhecimento de que a crise perdura. Resta porém saber se a nova figura da crise aparece, como em Hegel, como necessidade de filosofia. É a partir deste momento que a "realização" da filosofia deixa de coincidir com o "fim" da filosofia e, assim, torna-se possível falar de "fim" da filosofia sem a sua devida realização. É este estado de coisas propriamente que virá a ser chamado de "crise contemporânea", e é então que surge, ou emerge a problemática da literatura.

Os jovens hegelianos, dizíamos, representa um dos mais significativos casos de cisma em relação a Hegel (outros casos seriam Kierkegaard, Schopenhauer e Nietzsche). Para eles, de um modo geral, a conclusão de Hegel de que o real é o racional e o racional é o efetivo concerne mais à razão do Absoluto (ou à razão absoluta) do que à realidade propriamente dita, à existência concreta em sua incontornável especificidade. "Os jovens hegelianos", escreve Luiz Repa comentando Habermas, "reagiram a essa sobreposição da razão de diferentes formas. Feuerbach opôs o peso da existência ao privilégio idealista do categorial; Kierkegaard (sic) insistiu na existência histórica dos indivíduos; e Marx, por sua vez, no ser material dos fundamentos econômicos da vida coletiva. Os três procuraram, cada um a

---

[17] Cf. OLIVEIRA, M. A. de. *A filosofia na crise da modernidade*. São Paulo: Loyola, 1989.

seu modo, retirar o espírito e a razão da dimensão do sublime em que foram conceituados por Hegel, a dimensão que resolve as contradições do presente somente em pensamento"(cf. Repa, 1996: 47). Ora, são essas "contradições do presente" que não podem ser resolvidas somente no pensamento, é esse pensamento que se resolve sem as contradições vivas da atualidade e é a própria cisão entre vida e pensamento, lógica e existência que formam o rosto mais expressivo da crise contemporânea.

É neste contexto, aliás, que se compreende bem a XI tese de Marx contra Feuerbach: "Os filósofos se limitaram a *interpretar* o mundo de distintos modos; trata-se sobremaneira de *transformá-lo*"[18]. A transformação do mundo, que evidentemente não ocorre pela filosofia mas pela práxis revolucionária, suspende a filosofia mais do que a realiza[19]: seu fim é o próprio início da revolução, e esta busca casar teoria crítica, ou dialética, e práxis social, ou existência. As revoluções de 1848, na medida em que buscavam realizar a passagem da teoria revolucionária à transformação do mundo como um todo, teriam sido o justo momento em que alcançaríamos a realização conjunta de filosofia e história, mas o fiasco geral a que foram submetidas transportou para o infinito a tarefa desta realização. Resta o descompasso entre dialética e existência, como resta, ainda, a tarefa por cumprir do pensamento a fim de elaborar uma filosofia por vir, uma filosofia concreta na qual ser e pensar sejam pensados uma vez mais, porém no interior deste efetivo descompasso[20].

Refletindo sobre isso mesmo, Maurice Merleau-Ponty escreveu: "Uma filosofia concreta não é uma filosofia feliz.

---

[18] Cf. MARX, K. e ENGELS, F. *La ideologia alemana*. Montevideo: Pueblos Unidos, 1971, p. 668.

[19] Cf. VAZ, H. C. de L. Marxismo e ontologia, in: *Ontologia e história*. São Paulo: Loyola, 2001.

[20] "O que é preciso é explicitar essa totalidade de horizonte que não é síntese", cf. MERLEAU-PONTY, M. *O visível e o invisível*. São Paulo: Perspectiva; 1999, p. 197.

É preciso que se mantenha perto da experiência e, no entanto, não se limite ao empírico, restitua em cada experiência a cifra ontológica com que está marcada interiormente. Por mais difícil que seja, nessas condições, imaginar o futuro da filosofia, duas coisas parecem seguras: nunca encontrará a convicção de deter, com seus conceitos, as chaves da natureza e da história, e não renunciará a seu radicalismo, à investigação dos pressupostos e dos fundamentos, que produziu as grandes filosofias"[21]. Não renunciará à radicalidade porque não renunciará a pensar, e pensar é justamente tentar apreender junto o que de antemão se dá como separado, cindido. Mas também não deterá a chave dessa sutura possível porque isso é sucumbir à ilusão de uma conciliação abstrata, sem mediação real. Uma mediação somente *a priori*.

Nessa mesma página, Merleau-Ponty se inquieta com isso também. "Perguntar-se-á, talvez", escreve ele, "o que resta da filosofia quando perde seus direitos ao *a priori*, ao sistema ou à construção, quando não sobrevoa mais a experiência." E ele mesmo, respaldando a abertura de um espaço para a literatura no interior dessa crise, responde: "Resta quase tudo. Pois o sistema, a explicação, a dedução, nunca foram o essencial. Esses arranjos exprimiam – e escondiam – uma relação com o ser, os outros e o mundo." Como uma linguagem dentre outras para exprimir essa relação com o ser, o sistema não detém a primazia e, com isso, a filosofia pode retomar a expressão dessa mesma relação "em toda e em nenhuma parte", seja com que linguagem for, desde o "testemunho de um ignorante que viveu e amou como pôde" até as "discussões sobre a substância e os atributos", passando, "sem

---

[21] Cf. MERLEAU-PONTY, M. Em toda e em nenhuma parte, in: Textos escolhidos. São Paulo: Abril Cultural, 1975, p. 426.

vergonha especulativa", pelo diálogo com as ciências e com a literatura. Com efeito, diz ele ainda, nunca, quanto atualmente, "a literatura foi tão 'filosófica', nunca refletiu tanto sobre a linguagem, sobre a verdade, sobre o sentido do ato de escrever". O fim da filosofia como sistema exprime-se, portanto, na abertura dessas outras possibilidades de pensar.

Não se vê porque, depois de séculos de literatura brasileira, ainda se pode questionar a existência de pensadores autóctones... E entenderá pouco da situação atual da filosofia alguém que, para sanar a falta de uma filosofia brasileira ou latino-americana, busque com suas próprias forças a construção de um sistema... Afinal, é o próprio Merleau-Ponty quem, em algum lugar de sua obra, volta à carga: "a verdadeira filosofia é reaprender a ver o mundo, e nesse sentido uma história narrada pode significar o mundo com tanta 'profundidade' quanto um tratado de filosofia". O deslinde dessa profundidade, aqui entre nós, arejou nossa vida espiritual com o trabalho vigoroso de importantes críticos literários[22].

D) Crítica literária

O uso, ou antes, o abuso da literatura como álibi para, a partir dela, mas liberto dela, pôr-se questões de ordens alheias à propriamente literária tornou oportuna a preocupação pelos aspectos estritamente estéticos, por assim dizer internos à obra literária, ensejando explicações demasiado formais (às vezes isoladamente engenhosas, às vezes simplesmente estéreis), inviabilizando, como algo improcedente, qualquer outro tipo de abordagem analítica que tentasse ultrapassar o nível simplesmente textual.

---

[22] Ou de quem soube aprender com eles.

Em ambos os casos, texto e leitor tornavam-se mutuamente excludentes.

Todavia, o enfoque crítico *desenvolvido* por Antonio Candido[23] – modelo exemplar de uma tarefa de pensamento que se pode desenvolver para o deslinde de outros problemas – incita a inteligência a ousar um passo na investigação crítica da literatura além do domínio estrito da dimensão estética, sem todavia desfigurá-la. Trata-se de pensar junto o que de antemão (mas só de antemão) dá-se como separado; justamente aquela exigência, referida acima, que supre a necessidade de filosofia.

Isso ocorre, em Antonio Candido, porque sua crítica (caso exemplar de uma renovação brasileira dos estudos literários iniciada nos idos de 1950) é capaz de equacionar a dupla exigência de encarar o texto em sua especificidade artística sem abandonar seus vínculos com a realidade histórica e social, e de considerar esta última sem perder de vista a própria constituição formal da obra de arte literária.

As condições de possibilidade de uma tal investida metodológica encontram-se na superação da ilusão de que haja um "fora" e um "dentro" do texto, independentes do próprio texto. Seu método consiste em perceber, na estruturação da obra, a formação de elementos acessíveis a uma penetração crítica do real: à forma do texto pertence uma apreensão da sociedade, que nele é como que sublimada até o ponto de se lhe tornar intrínseca. Compreender um texto, assim, é compreender *também* a sociedade nele "implicada". Com essa estratégia metodológica, uma antinomia antiga, mas vez por outra reincidente, é superada: a antinomia das posições isolacionistas extremadas "que

---

[23] Cf. CANDIDO, A. "Dialética da malandragem" (1970, primeira versão), em: *O discurso e a cidade*. São Paulo: Duas Cidades, 1997.

tendem a tratar a obra de arte como um simples reflexo ou subproduto da História, ou então, como manifestação estética isolada de qualquer espécie de vínculo com a realidade"[24].

Esses extremismos isolacionistas, nós podemos vê-los ilustrados em um ensaio do livro *Crítica e poética*, de Afrânio Coutinho[25]. "Em face do fenômeno literário", diz ele, "duas atitudes podem assumir-se em última análise" (cf. Coutinho, 1980: 11). Num gesto bastante comum, embora filosoficamente pouco aceitável[26], o crítico distribui essas atitudes em duas denominações, a partir de uma distinção superficial entre Platão e Aristóteles. Para ele, haveria uma crítica de talhe aristotélico e outra de feição platônica, esta última definida ora como "ética", ora como "mística", ora como "retórica", cuja característica básica comum seria aquela de abordar a obra de arte permanecendo fora dela. "A primeira corrente é a de Horácio; a segunda é a que segue o livro *Do sublime*, atribuído a um escritor conhecido como Longino; a terceira é a dos retóricos alexandrinos ou helenísticos" (*id., ibid.:* 12). Como os "críticos marxistas" – continua ele – "vêem o valor poético não na obra em si mesma, porém em sua ação sobre o auditório e o público, e sua origem para eles reside na classe a que o escritor pertence", e como Horácio, por sua vez, tinha para si que a literatura "só se justifica em termos éticos", pode-se dizer que "a

---

[24] Cf. SIMON, I. M. *Drummond: uma poética do risco*. São Paulo: Ática, 1978, p. 19.
[25] Cf. COUTINHO, A. "O conceito aristotélico da literatura e da crítica". Em: *Crítica e poética*. Rio de Janeiro: Civilização Brasileira, 1980. 2a. edição, p. 11. (O texto é uma conferência pronunciada em Salvador-BA, no ano de 1949.)
[26] Cf. VAZ, H. C. L. *Escritos de filosofia* II. São Paulo: Loyola, 1988, p. 86. Segundo Vaz, a oposição entre o "idealista" Platão e o "realista" Aristóteles é, em seu simplismo, "historicamente inaceitável e conceitualmente infundada".

crítica marxista é de fundo horaciano" (*id., ibid.:* 12 e 14). Embora esta última afirmação possa parecer pitoresca, não deve porém ser tomada como uma *blague*. Assim é que, estendendo a tradição do que chamou de "crítica platônica", Coutinho se dirige ao século dezoito e dezenove e volta a reconhecê-la em Herder, nos irmãos Schlegel e em Madame de Stäel, representados todos da melhor forma no filósofo e crítico francês H. Taine, ligado à chamada teoria sociológica da literatura. Como essa teoria também encara o fato literário a partir de fora, detendo-se em fatores extraliterários, "a crítica marxista é, também, uma crítica sociológica" (*id., ibid.:* 14), isto é, próxima a Madame de Stäel.

Contra esses platônicos, contudo, "há uma outra possibilidade de estudo literário" – e esta vem "do mestre Aristóteles" (*id., ibid.:* 15). Segundo Coutinho, o Estagirita seria o primeiro crítico literário de base "estética", no sentido de que, com ele, a literatura não é abordada de um modo exterior mas "como toda arte, tem um valor em si mesma, e a experiência estética possui uma finalidade em si mesma[27]" (*id., ibid.:* 15). A literatura "deve ser encarada como 'poética', e não como 'política' (no sentido em que a vêem os platônicos)" (*id., ibid.:* 15). Fazendo a distinção entre poética e política, o crítico dirige-se imediatamente ao esclarecimento do que ele próprio chama de abordagem "formalista", conforme se pode ler à página dezenove de seu ensaio. O que significa que, entre nós, é ele o melhor exemplo do que se poderia chamar pelo nome

---

[27] A certa altura de seu ensaio o crítico cita elogiosamente Immanuel Kant. Com efeito, é Kant o promotor da idéia de que a arte seria uma "finalidade sem fim", de modo que o gosto estaria independente de todo interesse. Cf. KANT, I. *Crítica do Juízo*. Rio de Janeiro: Forense, 1993, p. 49. Todavia, mesmo em Kant parece possível uma articulação entre gosto e história. Cf, a respeito, TERRA, R. R. "Kant - juízo estético e reflexão". Em: *Artepensamento*. São Paulo: Companhia das Letras, 1994, p. 124.

de isolacionista extremamente formal. Chamando-o assim, porém, não se quer pôr em dúvida a imensa contribuição intelectual por ele oferecida aos estudos brasileiros de literatura. Escrevia num país em cujas escolas superiores sequer existia a disciplina "teoria literária", e, insistindo no método formal, foi um dos que batalharam para implantá-la, num gesto decerto civilizatório.

O que se passa simplesmente é que, imbuído, como se sabe, do *new criticism*, é ele o nome brasileiro a ser reconhecido como cultor do método reconhecidamente formal, segundo o qual "a obra é o centro da preocupação crítica, e a obra em sua característica estético-literária" (*id., ibid.*: 16). De fato, quando escrevia isso, reafirmava a necessidade daquilo que, um ano antes de seu ensaio, René Wellek e Austin Warren tornariam famoso sob a expressão "demanda intrínseca da literatura", para a qual "o ponto de partida natural e sensato do trabalho de investigação literária é a interpretação e análise das obras literárias em si próprias"[28]. Como se tratava de afastar-se do ponto de vista exterior e aceder à obra a partir dos meandros de sua "tessitura", toda explicação causal estaria, pois, fora dos eixos adequados. Ou, se quisermos – e é assim que faz o nosso crítico, lembrando uma vez mais da teoria aristotélica, de onde quer seguir rumo ao texto – o máximo de que se pode falar é de "causa formal". Pois, segundo a terminologia de Aristóteles, a forma "é uma das quatro espécie de causa" (cf. Coutinho, 1980: 16). As outra três, como se sabe, seriam a causa eficiente, a final e a material; a primeira e a segunda são causas externas e dizem da origem e da finalidade do objeto; esta terceira é, evidentemente, interna, "mas parcial e unilateral". Somente a causa formal poderia dar conta de uma explicação realmente estética. A obra de arte seria assim concebida "como um todo feito de partes", a cuja análise

---

[28] Cf. WELLEK, R. & WARREN, A. *Teoria da literatura*. Lisboa: 1962, p. 173. (A primeira edição em inglês é de 1948).

cumpriria estabelecer "o princípio de sua unificação – a forma – ou o princípio dirigente que determina a ordem e a conexão das partes e reúne-as num todo coerente e singular" (*id., ibid.:* 16). Neste sentido, ao crítico seria dado o direito de não se preocupar com considerações históricas ou sociais, pois "de uma perspectiva verdadeiramente literária, poética, a autêntica atitude crítica, é-nos lícito ignorar essas considerações para situarmos *puramente* dentro da obra, apreciando-a em suas qualidades estéticas, intrínsecas" (*id., ibid.:* 17). O grifo, evidentemente, é nosso; mas em todo o caso é desse modo límpido que se pode, segundo Coutinho, e contra os "platônicos", fazer valer o veio "aristotélico".

Afrânio Coutinho, pois, crítico *aristotélico*, é um formalista nos termos por ele mesmo precisados. Como, por outro lado, precisaríamos nós os termos dos críticos não-formalistas? O ensaio "Crítica e sociedade" de Antonio Candido[29] é, neste sentido, um instrumento assaz precioso, pois não só nos especifica seis tipos de enfoques sociológicos como também defende, mesmo afirmando claramente que "a análise estética precede considerações de outra ordem" (cf. Candido, 1976: 3), defende, "com ar de paradoxo", o estudo literário de cunho sociológico. Segundo Candido, haveria um tipo "voltado para a investigação hipotética das origens", tentando mostrar como se formam determinados gêneros ou literatura em geral (*id., ibid.:* 11); outro, mais marcadamente marxista, "investiga a função política das obras e dos autores, em geral com intuito ideológico marcado". Aponta como representativos alguns textos de Lukács, Gramsci e Galvano della Volpe (*id., ibid.:* 11); outro, que aliás fomentaria o anterior, é certa sociologia do conhecimento, "que estuda a posição e a função social do escritor" (*id., ibid.:* 10); ainda no ramo muito mais

---

[29] Cf. CANDIDO, A. "Crítica e sociologia (tentativa de esclarecimento)". Em: *Literatura e sociedade*. São Paulo: Cia. Ed. Nacional, 1976. 5a. edição, p. 3. (A primeira edição é de 1965.)

sociológico que propriamente crítico, teríamos uma espécie de sociologia do gosto literário, afeita à erudição e ao comparatismo, "consistindo no estudo da relação entre a obra e o público – isto é, o seu destino, a sua aceitação, a ação recíproca de ambos" (*id., ibid.*: 10). Todas essas modalidades, diz o crítico, "são legítimas e, quando bem conduzidas, fecundas" (*id., ibid.*: 11). Mas a abordagem que faz arrepiar, e que está na origem das demais e é por assim dizer sua *ancestral*, "é o método tradicional, esboçado no século 18, que encontrou porventura em Taine o maior representante e foi tentado entre nós por Sílvio Romero". Para a maioria dos estudiosos desta linha, há entre as condições sociais e as obras, "um nexo causal de tipo determinista" (*id., ibid.*: 9), e é justamente esse determinismo o que constitui seu resultado mais "decepcionante", ao lado de seu louvável esforço de "discernir uma ordem geral, um arranjo, que facilita o entendimento das seqüências históricas e traça o panorama das épocas" (*id, ibid.*: 9), e ao lado de sua lamentável fraqueza de não acertar o passo entre a realidade da obra como obra e a realidade da época.

Caso exemplar deste descompasso, segundo o crítico, é o livro *La Fontaine et ses fable*, de Taine. Nesse livro, de fato, o autor se propõe a "mostrar a formação completa de uma obra poética e buscar através de um exemplo em que consiste o belo e como ele nasce"[30]. No entanto, cumprindo a sua famosa tríade (raça, meio e momento), demora-se em considerações muito pouco senão nada literárias: "é do clima, do solo e dos alimentos, assim como dos grandes acontecimentos que sofre desde sua origem, que uma raça encontra o seu caráter" (cf. Taine, 1921: 342). Já em 1945, em seu livro sobre *O método crítico de Sílvio Romero*[31], Antonio Candido se perguntava: "O que será, então, a crítica fundamentada nestes princípios – meio, raça, cultura?" Sem perplexidade, respondia: "O

---

[30] Cf. TAINE, H. *La Fontaine et ses fables*. Paris: 1921, p. 342.
[31] Cf. CANDIDO, A. *O método crítico de Sílvio Romero*. São Paulo: EDUSP, 1988, p. 67, mas também em vários outros pontos deste trabalho.

seu primeiro efeito é destruir o critério estético e valorativo vigente até então. A conseqüência próxima é tomar como critério o caráter representativo do escritor, a sua função no processo de desenvolvimento cultural" (cf. Candido, 1988: 52). Dizia isso de Sílvio Romero num momento do texto em que justamente o aproximava de Taine. As relações entre Romero e Taine, porém, não são sempre pacíficas, embora o brasileiro nunca tivesse deixado de tomá-lo como mestre, o que quer dizer, em última análise, que a crítica para Sílvio Romero permanece de cunho exterior. "Queixando-se de que Taine sacrificava a crítica em prol duma mistura de estética, história e psicologia, Sílvio parece reivindicar o seu caráter literário." Não obstante, contudo, o que faz "é tirar-lhe todo caráter literário, incluindo-a na lógica" (*id., ibid.*: 92). A dificuldade, porém, que tinha Romero de definir o literário não era exclusividade sua. Tanto Araripe Jr. quanto José Veríssimo, seus coetâneos e rivais, passavam, malgrado suas diferenças, pelo mesmo aperto[32].

Mas não vem ao caso discutir isso agora[33], e podemos passar a averiguar o modo de Antonio Candido ultrapassar

---

[32] Basicamente, as diferenças entre cada um desses autores dizem respeito ao critério literário, e são as seguintes: para Sílvio Romero, a exigência de nacionalidade; questões de ordem estilística e psicológica, para Araripe Jr.; cuidado com a linguagem no sentido de ser brilhante e escorreita, para José Veríssimo. Segundo Costa Lima, a causa principal da incapacidade de definir o "literário", comum aos três autores, seria, além da falta de uma cultura da escrita que possibilitaria algo como um ethos da teoria entre nós (pois de acordo com ele a cultura brasileira é deliberadamente uma cultura da "auditividade"), a causa principal seria o incômodo que para eles constituía a individualidade. Cf. LIMA, L. C. "A crítica literária na cultura brasileira do século 19". Em: Dispersa demanda. Rio de Janeiro: Francisco Alves, 1981.

[33] Cf., além do livro de Antonio Candido sobre Sílvio Romero acima citado, BARBOSA, J. A. *A tradição do impasse*. Linguagem da crítica & crítica da linguagem em José Veríssimo. São Paulo: Ática, 1974 e CAIRO, L. R. *O salto por cima da própria sombra*. O discurso crítico de Araripe Junior: uma leitura. São Paulo: Annablume, 1996.

os extremismos estanques da crítica literária. Ainda no ensaio "Crítica e sociedade", ele submete a uma ligeira discussão, não o método formal em si mesmo, mas um tipo de estruturalismo a que chama de "radical", o qual seria "inviável no trabalho prático de interpretar, porque despreza, entre outras coisas, a dimensão histórica, sem a qual o pensamento contemporâneo não enfrenta de maneira adequada os problemas que o preocupam" (cf. Candido, 1976: 15). Sem deixar de apontar para certos resultados fecundos de outras modalidades de estruturalismo, "cabível como um dos momentos da análise", que, ao sugerir o conceito de organicidade da obra e oferecer instrumentos e terminologia adequados, permite, no estudo da literatura, "levar em conta e variar o jogo dos fatores que a condicionam e motivam; pois quando é interpretado como elemento de estrutura, cada fator se torna componente essencial do caso em foco" (*id., ibid.:* 15), propõe que os fatores externos de explicação da obra sejam explicitados a partir de sua organização na estrutura da própria obra, e é justamente com esta proposição que Antonio Candido consolida uma superação dos extremismos isolacionistas[34] mediante uma saída francamente dialética[35].

A idéia básica é a de que "o *externo* (no caso, o social) importa, não como causa, nem como significado, mas

---

[34] "Hoje sabemos que a integridade da obra não permite adotar nenhuma dessas visões dissociadas; e que só a podemos entender fundindo texto e contexto numa interpretação dialeticamente íntegra, em que tanto o velho ponto de vista que explicava pelos fatores externos, quanto o outro, norteado pela convicção de que a estrutura é virtualmente independente, se combinam como momentos necessários do processo da interpretação" (cf. CANDIDO, id., ibid.: 4).

[35] Sobre a figura da dialética em Antonio Candido, cf. ARANTES, P. E. Sentimento da dialética na experiência intelectual brasileira. Dialética e dualidade segundo Antonio Candido e Roberto Schwarz. Rio de Janeiro: Paz e Terra, 1992.

como elemento que desempenha um certo papel na constituição da estrutura, tornando-se, portanto, *interno*" (*id., ibid.*: 4). O social não é mais pesquisado na obra através de seus aspectos ambientais, éticos, étnicos ou ideológicos, mas como um fator de estrutura. Isto é, cabe ao analista, ao desfiar os componentes de uma obra, averiguar o modo como uma certa visada do social insere-se na estruturação do texto. A obra estrutura seus componentes; cabe ao analista interessado em apreender os elementos sociais investigar como estes estão *formalizados* na estruturação ou organização dos elementos internos da obra. "É o que vem sendo percebido ou intuído por vários estudiosos contemporâneos, que, ao se interessarem pelos fatores sociais e psíquicos, procuram vê-los como agentes da estrutura, não como enquadramento nem matéria registrada pelo trabalho criador" (*id., ibid.*: 5). A sociedade e a história não se dão como um panorama na superfície do texto, nem mesmo como seu "pano de fundo", mas ganham espessura no modo de o texto conduzir a linguagem.

A vantagem deste método, acrescenta nosso autor, é a possibilidade de, depreendendo os fatores externos mediante a captação de *como* foram internalizados ou formalizados pela obra, "alinhá-los entre os fatores estéticos" (*id., ibid.*: 5). Dessa forma, o intérprete que se detivesse nesta linha de pesquisa, ao mesmo tempo que se preocuparia com o "estético", ocupar-se-ia também com o sociológico. Mas, nesse caso, o discurso ficcional exigiria uma formulação teórica que o definisse na charneira do estético e do sociológico, do real e do imaginário. Ora, a contribuição intelectual de Luiz Costa Lima[36], ex-aluno de Antonio Candido, pode

---

[36] Cf. LIMA, L. C. "Um conceito proscrito: mimese e pensamento de vanguarda". Em: *Sociedade e discurso ficcional*. Rio: Guanabara, 1986, p. 311. Cf., ainda, *Mímesis e modernidade*. Rio: Graal, 1980.

aqui tornar-se imprescindível. Pois, no nível teórico, é justamente a questão da *mímesis* – objeto central do pensamento costalimiano – o que deve ser examinada. Neste exame, com efeito, veremos como o trabalho com o problema literário conduz este autor a alguns desafios do pensamento contemporâneo.

A descoberta de Costa Lima de que a ficção (desde pelo menos o Renascimento) teria sido submetida a um rígido controle (ético, político e religioso), devendo por isso a literatura (ou o que se entendia por isso) confinar-se a um exercício de mimese como mera representação da realidade, levou-o a perceber a necessidade de reformular o conceito de *mímesis* até o ponto no qual ela não mais se identificaria com a sua malfadada tradução latina *imitatio*. Para ele, a *mímesis* seria ao contrário liberação da alteridade, isto é, o questionamento da autocentralidade do sujeito individual, mediante a produção da "diferença". Em *Mímesis e modernidade*, ensaiando uma severa crítica da estética e trabalhando para uma teoria autônoma (isto é, independente da estética) da literatura, Costa Lima defende que o produto mimético, "enquanto um dos modos de estabelecimento da identidade social", funciona como "exploração da dobra da palavra", a partir justamente de um determinado contexto histórico-social em que a palavra se tornou dobrável, ambígua, intransparente. Realizando uma análise das relações entre o ser e o não-ser n'*O sofista* de Platão, no sentido de mostrar que a condenação platônica da *mímesis* é menos de ordem estética que ética e epistemológica, ele pode, na abordagem de alguns dos principais poetas modernos, propor um conceito de *mímesis* que se atualiza malgrado o real preexistente: contrapondo-se à *mímesis da representação*, que supunha este real, postula a noção de *mímesis da produção*, segundo a qual "o ato mimético já não pode ser interpretado como o correlato a uma visão anteriormente estabelecida da realidade" (cf. Lima, 1980: 169)[37]. Desse modo, como o real anterior estará sempre perdido, no sentido de que esse "real anterior" pressupõe um conceito de realidade não discutido e, por isso mesmo, sem interesse, o próprio da *mímesis da produção* será, ainda segundo Costa Lima, "provocar o alargamento do real[38], a partir mesmo de seu deficit anterior" (*id., ibid*.: 170); quer dizer, a ausência, no poema, do real preexistente, ausência criada pela metáfora que o transtorna, possibilita a construção de uma concepção de realidade bem mais ampla do que aquela, pressuposta na noção de "real preexistente", segundo a qual haveria uma homologia entre realidade e fato. Assim, o discurso ficcional, de que a *mímesis* é o veículo, ao mesmo tempo em que mantém sua relação com a história concebida já não mais como história factual, tornar-se livre da obrigação – presente no "controle do imaginário" vivido nos alvores da modernidade – a obrigação de decalcar o real.

Aliás, esta hipótese do 'controle do imaginário' (elaborada nos anos seguintes a 1980[39], e segundo a qual a literatura,

---

[37] Cf., a propósito, o conceito de verdade metafórica de Paul Ricoeur. Em: RICOEUR, P. *La métaphore vive*. Paris: Seuil, 1997(primeira edição, 1975), p. 311: "Pode-se arriscar a falar de verdade metafórica para designar a intenção 'realista' que se liga ao poder de redescrição da linguagem poética".

[38] O que Costa Lima chama de "alargamento do real" Ricoeur designaria por "refiguração" ou "mimese III". Cf. RICOEUR, P. *Tempo e narrativa*. Campinas: Papaurus, 1994, p. 110: "Diria que mimese III marca a intersecção entre o mundo do texto e o mundo do ouvinte ou do leitor. A intersecção, pois, do mundo configurado pelo poema e do mundo no qual a ação efetiva se exibe e exibe sua temporalidade específica".

[39] Cf. *O controle do imaginário* (Rio de Janeiro: Forense, 1989, primeira edição: 1984) é o primeiro volume do que viria a ser um trilogia: *Sociedade e discurso ficcional* e *O fingidor e o censor* (Rio: Forense, 1988) seriam os dois outros. A teorização do 'controle' continua nos dois tomos de *Limites da voz* (Rio: Rocco, 1993).

desde a emergência da modernidade, teria passado por um veto à sua capacidade de fingir[40]) traria de fato novas nuanças a esta intuição fecunda designada "*mímesis da produção*". Assim é que, ao investigar, por exemplo, o 'processo' a que foi submetida a mimese no pensamento de vanguarda, nosso ensaísta logra uma sua nova definição como 'produção da diferença', com importantes conseqüências, como anunciamos, para as discussões do pensamento contemporâneo quanto ao problema do sujeito.

O pensamento contemporâneo, com efeito, procurando liberar um campo do pensar no qual figure a noção de intersubjetividade como superação da dicotomia entre sujeito e objeto ou entre sujeito e sujeito "como objeto", busca redefinir a filosofia, por muito tempo legatária da noção de identidade (elaborada pelos gregos e peça-chave da tradição do Ocidente), noção que sustentaria a metafísica da subjetividade centrada em si mesma. Como a filosofia do sujeito teria se construído sobre o legado do pensamento da identidade (o *Eu penso* deve poder acompanhar todas as minhas representações de um modo sempre *idêntico* a si mesmo), a ela o Outro nunca deixou de lhe aparecer senão como uma figura do Mesmo. Ao se tornar possível uma filosofia da intersubjetividade, o Outro passa então a ser visto em sua alteridade própria e a filosofia, sob esse 'novo paradigma', passa a tomar a diferença (o corpo, a existência, a linguagem) como seu objeto específico. Daí o esforço de Costa Lima em identificar recusa da *mímesis* (como semelhança) com elogio do Eu e, ao propor a abertura para a região do intersubjetivo, fazer valer um outro conceito de *mímesis* não mais coincidente com o de imitação. Ou, dito

---

[40] De acordo com Costa Lima, este veto implicava extamente a submissão da *mímesis* à representação estrita do real. O seu ostracismo, porém, "dependera mais de razões históricas do que de sua exaustão interna" (cf. Lima, 1989: 62), o que justificaria, portanto, a necessidade de sua redefinição.

de outro modo, ao sublinhar um conceito de *mímesis* como produção de diferença, acentuar a possibilidade de pensar aquela intersubjetividade aspirada pela nova filosofia.

Segundo ele, ao sobrepujar a sociedade estamental, que "lera a categoria grega da mimese sob o signo da semelhança" (cf. Lima, 1986: 360), a sociedade capitalista, realçando o papel empreendedor do indivíduo, cujo Eu passa a ser o centro de todas as mediações[41], cria as condições em nome das quais as vanguardas artísticas podem relegar o conceito de *mímesis*. É porque o Eu é soberano que a imitação da natureza é desnecessária. Em contrapartida, isso dificulta a possibilidade de pensar a comunicação no interior da experiência com a arte, perdendo-se o liame necessário à instituição da intersubjetividade. Para provar esta perspectiva, nosso Autor passa em revista uma série de teorias da vanguarda, de Vicente Huidobro a Gilles Deleuze, mostrando que sua recusa da mimese pela prática de uma linguagem não-automatizada correspondia a uma exaltação da própria subjetividade, havendo como conseqüência mais grave "a impossibilidade de pensar a experiência intersubjetiva"(*id., ibid.*: 359). Não se pense, porém, que o contrário disso seja desbancar as conquistas estéticas da vanguarda. Trata-se, ao contrário, de repensar essas conquistas, e outras, com um conceito que a própria vanguarda não possuía, mas cuja falta as deixava no impasse da desvinculação com o público.

Assim, "a recusa de pensar seriamente a comunicação, dentro dos parâmetros de uma teoria não imitativa da arte, parte do suposto de que, malgrado o desacerto temporal, há algo na natureza humana que faria com que o artista de mérito extraordinário conseguisse furar o bloqueio do estabelecimento, encontrando, não importa quando, o seu

---

[41] Cf. HORKEIMER, M. "Materialismo e moral", em: *Teoria crítica* I. São Paulo: Perspectiva, 1993.

espectador" (*id., ibid.*: 360). Porém, como esta natureza humana é não só improvável como terminaria por produzir "o suicídio da ficção" (já que o postulado da natureza humana limita, ao passo que a ficção vive do ilimitado: o campo aberto do possível), dever-se-ia, pela vida do ficcional, operar um retorno à *mímesis* contra a autocentralidade do Eu pressuposta no pensamento vanguardista. Dessa vez, porém, mimese não se confundirá nem com imitação nem com semelhança.

É, aliás, sua aproximação da *diferença* que garantirá a emergência da intersubjetividade, no próprio choque da comunicação pressuposta no encontro com a obra. A *mímesis*, diz Costa Lima, ao contrário de sua "falsa tradução, *imitatio*, não é produção da semelhança, mas produção da diferença. Diferença, contudo, que se impõe a partir de um horizonte de expectativas de semelhança" (*id., ibid.*: 361). O leitor, ao encarar um texto artístico, traz consigo o conjunto de suas experiências contra as quais a obra faz face. É isto propriamente o que acabamos de chamar de *choque da comunicação*. "Para que haja produção da diferença é preciso que os parceiros na comunicação poética sejam igualmente ativos, isto é, que ambos ativem seu imaginário" (*id., ibid.*: 363). O que significa que, quebrando, com isso, o privilégio do sujeito autocentrado, não se volta, por outro lado, a contar com a linguagem linear e sem dobras, aparência pura e simples do real, mas a própria dobra do discurso provoca a estranheza entre o mundo do leitor e o do texto. Apenas o estranhamento não ocorre mais no nível verbal, na desautomatização da linguagem, mas no nível do imaginário[42]. De fato, produzindo desta forma a diferença, a *mímesis* não considera o mundo sob seu estrato perceptivo, mas sob a imaginação.

---

[42] Cf. ISER, W. O fictício e o imaginário. Perspectiva de uma antropologia literária. Rio de Janeiro: UFRJ, 1996.

"Sua produção não se esgota no verbal em que venha a se realizar, nem tem como parte ativa apenas o poeta" (*id., ibid.*: 362). É no nível do imaginário que as consciências se chocam, se comunicam e se diferenciam. A leitura é seu lugar específico, onde mundos opostos (o do texto e o do leitor) se encontram, seja para decepcionar as expectativas previamente criadas, seja para redimensioná-las, abrindo-se novos horizontes. A *mímesis*, como produção de diferença no âmbito da comunicação, fornece uma abertura para a intersubjetividade e concretiza as mediações entre leitor e obra. É no nível dessas mediações que a literatura se realiza. E é no demorar-se de uma meditação sobre esta realização da literatura que muito vigor pode ser atribuído à tarefa do pensamento, aqui entre nós, órfãos da filosofia tradicional.

3

Mímesis e esquecimento*

O *Poema sujo*[43], escrito em uma época para a qual, no Brasil e na América Latina, o "estado de exceção" era realmente a "regra geral"[44] (isto é, à época da ditadura militar, em 1975), mereceria, segundo Otto Maria Carpeaux[45], "ser chamado 'poema nacional', porque encarna todas as experiências, vitórias, derrotas e esperança da vida do homem brasileiro". Para uma primeira aproximação deste poema, que se observe duas noções presentes neste comentário: a de que se trata de um poema nacional e a de que está ligado às experiências do homem. No que diz respeito à segunda, o *Poema sujo*, tanto quanto as demais obras de Ferreira Gullar, ressalta, de fato, as mais intestinas experiências humanas. Na expressão do ensaísta Ivan Junqueira, a poesia de Gullar não disfarça seu "compromisso com a vida, com o

---

* Publicado originalmente em: SOMA. Revista Eletrônica Multidisciplinar. Foz do Iguaçu, Outubro de 2001.
[43] Cf. GULLAR, F. *Poema sujo*. Rio de Janeiro: José Olympio, 1995. Cf. também "Poema Sujo". Em: *Toda poesia*. Rio de Janeiro: José Olympio, 1991.
[44] Cf. BENJAMIN, W. "Sobre o conceito de história", in: *Magia e técnica, arte e política*. Obras escolhidas, v. I. São Paulo: Brasiliense, 1994, p. 226: "A tradição dos oprimidos nos ensina que o 'estado de exceção' em que vivemos é na verdade a regra geral".
[45] Citado por JUNQUEIRA, I. "Gullar e a poesia social", in: *O signo e a sibila*. Rio de Janeiro: Topbooks, 1993, p. 288.

lado sujo e visceral da existência, com a sanção do feio, ou daquela estética do feio que fez de Baudelaire, muito mais que Poe, o fundador da poesia moderna" (cf. Junqueira, 1993: 286). Porém, que o *Poema sujo* seja "nacional", isso deveria ser melhor meditado. O que se pode entender pela expressão "poema nacional"? Um monumento erguido para a nação? Pode ser. Mas em que sentido? Provavelmente, no sentido de uma contribuição à cultura do país... Ora, "nunca houve um monumento da cultura que não fosse também um monumento da barbárie" (cf. Benjamin, 1994: 225). A barbárie, com efeito, é um fenômeno cultural e a própria cultura, qualquer que seja a definição que lhe dêem, nunca deixará de guardar em si essa ambigüidade de ser ao mesmo tempo barbárie e o seu contrário. O *Poema sujo*, por seu lado, pensado enquanto um produto cultural, não dissimula essa contradição ou ambigüidade assinaladas. A 'barbárie" nele se inscreve sem dúvida, embora aí sua presença sirva antes de contraponto crítico da civilização... Idéia difícil? Talvez, em todo caso no mínimo paradoxal, pois a barbárie, como podemos pensar, é justamente a ausência mesma de qualquer contraponto crítico. No interior do poema "barbárie" e "civilização" são como personagens, por assim dizer, de um teatro de máscaras, onde, num jogo de espelhos, as máscaras são, de uma e de outra, intercambiáveis. Para apreender, na dança do bem e do mal, qual é o bem e qual é o mal é preciso retorcer os conceitos, enfrentar as próprias coisas, experimentá-las. Contudo, as coisas nesse estado são fugidias, pendentes, instáveis.

Cumpre ao analista, quase imediatamente, despir-se de qualquer preconceito unilateral (filho dileto da ingenuidade) e armar-se no sentido de averiguar as tensões e as armadilhas em que estão envolvidas, na constituição do poema, essas duas "palavras-chave". Se assim o fizermos, logo poderemos entrever a inscrição da história no horizonte do texto... Porém, uma advertência aqui se faz assaz necessária: não se trata de afirmar que o *Poema sujo* seja um "documento" através do qual iremos ver como se escreveu a história do Brasil numa certa década de seu desenvolvimento, os anos 70. "A obra de arte só acessoriamente é um documento", diz ainda Benjamin[46]. Trata-se, ao contrário, de analisar o próprio tecido do poema a fim de, perscrutando o seu "teor"[47], descobrir uma certa escritura da história, tanto pessoal quanto social, à medida em que estão em jogo, em tenso jogo, esses dois elementos inalienáveis da história dos homens: a civilização e a barbárie. Assim, a civilização é, não raras vezes, descrita como a própria barbárie e, em contrapartida, muito de "bárbaro" que há no poema é o fio de luz (e por que não dizer de esperança?) para uma possível reflexão sobre o que se quer (ou não se quer afinal) como civilização:

" (...) corpo-facho   corpo-fátuo   corpo-fato

atravessado de cheiros de galinheiros e rato
na quitanda ninho
    de rato
    cocô de gato
sal azinhavre sapato
    brilhantina anel barato
língua no cu na buceta cavalo-de-crista chato
    nos pentelhos
corpo meu corpo-falo (...)"
(Em *Poema sujo*)

---

[46] Cf. BENJAMIN, J. *Rua de mão única*. Obras escolhidas, v. II. São Paulo: Brasiliense, 1994b, p. 32.

[47] Para o sentido da palavra "teor", cf. BENJAMIN, 1994b, p. 32: "Conteúdo e forma são na obra de arte um só: teor". A este respeito, Ricoeur, em *La métaphore vive*, afirma: "É a presença simultânea do 'teor' e do 'veículo' e sua interação que engendra a metáfora" (cf. RICOEUR, P. *La métaphore vive*. Paris: Seuil, 1997, p. 106).

Ou seja, o que, de um ponto de vista do pudor (leia-se, talvez, de um ponto de vista "civilizado" e no entanto acrítico), poderia soar como "bárbaro" ou "barbaridades" são na verdade uma tentativa de resgatar os elementos "baixos"[48] com o fito de re-humanizá-los, pois é o corpo vivo o que, no final das contas, é, aqui, trazido à baila. Ao mesmo tempo, palavras como "cavalo-de-crista" e "chato", identificadas como doenças venéreas, fazem ressoar no poema a presença da prostituição — "brilhantina anel barato" — e permite ao analista haurir, por perífrase, o elemento da civilização, apreendido de um ponto de vista crítico: pois que a prostituição (ou a sifilização?) é um fenômeno da civilização[49]; um fenômeno entretanto bárbaro.

O poema, todavia, instaura a tensão entre civilização e barbárie desde mesmo as circunstâncias em que foi escrito. Com efeito, a palavra "civilização" deriva-se do latim *civitas*, que por sua vez traduz o termo grego *Pólis*, a Cidade-Estado. Para os gregos, ser homem, isto é, ser cidadão, significava poder participar (e participar efetivamente) da vida da *Pólis:* poder discutir livremente seus problemas comuns na assembléia e, com a palavra justa e o juízo claro, deliberar. Como se sabe, nem as mulheres nem os escravos participavam desta vida; não eram, portanto, *politikón*. (Sócrates, convidado a fugir da cidade para livrar-se da morte, preferira beber da cicuta a ser privado de conviver com seus compatriotas, o que não deixava de ser, para um grego autêntico, uma outra espécie de morte, quiçá infame). A propósito, além das mulheres e dos escravos, havia ainda uma outra camada social excluída desta participação política:

---

[48] Sobre as figuras "do baixo" e as figuras "do alto", cf. MOTTA, L. T. da. "Comédia proustiana e comédia freudiana". Em: *Catedral em obras*. São Paulo: Iluminuras, 1997.

[49] Cf. FREYRE, G. *Casa-grande & senzala*. Rio de Janeiro: Record, 2000, p. 343.

os estrangeiros. Eles não usavam a palavra clara, não usava nossa língua, isto é, a língua grega. Sua fala era uma algaravia, um *bar-ba-rós*. Daí a oposição entre o *político*, isto é, o homem civilizado, o homem da *Cidade*, e o bárbaro, aquele que não pode estar *na* Cidade, que não pode participar dela. Neste sentido, já uma frecha se abre a uma primeira compreensão do *Poema sujo*: um texto sobre o homem e sua cidade, muito embora escrito num exílio:

> "O homem está na cidade
> como uma coisa está em outra
> e a cidade está no homem
> que está em outra cidade."

Como é sabido, o livro fora escrito entre maio e outubro de 1975, em Buenos Aires, onde o autor se encontrava refugiado devido às circunstâncias *politicamente* adversas de sua terra natal, o Brasil. Ele é a configuração de uma grande experiência de perda e de brusco resgate, pela memória, do mundo e do tempo esquecidos, tempo e mundo esquecidos porém vibrantes no difuso campo do esquecimento, como poderemos vislumbrar adiante, quando estudarmos as artimanhas da *mímesis* na intricada composição do poema.

O *Poema sujo*, de fato, é um texto de composição complexa, e é na sua própria configuração interna que se arma a dialética a que dará forma, a da civilização e barbárie. Assim, ao mesmo tempo lírico e narrativo, pela presença simultânea desses dois gêneros, nele nem um nem outro se mantém em sua pureza convencional. Assim, se do lírico aguardamos seja uma peça de musicalidade tênue e de afabilidade verbal, ou, para usar uma definição evocada por Adorno[50], segundo a qual o lírico deve ser uma composição que permite, de sua

---

[50] Cf. ADORNO, T. *Discurso sobre lírica e sociedade*. São Paulo: Abril, 1973, p. 199.

delimitação, surgir o Todo e, de sua finitude, emanar o Infinito, o que encontramos no poema de Gullar, aquém da afabilidade das palavras (pois nele elas são deliberadamente duras), o que encontramos são ruídos, em vez de música e, no que diz respeito ao Todo e ao Infinito, o que temos é antes obstáculos, pois em vez de cair no delírio do puro encantamento idílico da terra natal distante (o que tornaria o poema por assim dizer frouxo), em tempo o poeta intervém com a reflexão, que barra a mera fluição gratuita:

> "Lá vai o trem com o menino
> lá vai a vida a rodar
> lá vai ciranda e destino
> cidade e noite a girar
> (...)
> iuí iuí iuí iuí iuí
> (...)
> meu pai levava a maleta
> eu levava a sacola
> (...)
> o que para ele era rotina
> para mim era aventura."

Com efeito, exatamente neste trecho (de aparente convenção lírica), que deve ser lido, conforme indicação de uma nota marginal ao poema, ao som de Vila Lobos, o principal instrumento musical é o trem, que conduz ao trabalho e ao que este tem de "rotina" ou enfado (a origem da palavra "trabalho", como se sabe, está ligada a um instrumento de tortura). E não é só isso. O poeta suspende a musicalidade para inserir no poema uma avaliação: *o que para ele era aventura para o pai era rotina*. Portanto, o lirismo do *Poema sujo*, carregado de ruídos e considerações prosaicas, cria obstáculo a transcendência esperada no lirismo convencional.

No meio desses ruídos, percebe-se, atualiza-se o potencial narrativo do poema. Porém, também aí é inútil esperar a unidade de composição do que se entende ordinariamente por "narrativa". O poema não conta um episódio, não tece um enredo, não arma uma intriga. As histórias nele contadas abrem-se e se fecham em fragmentos cada vez menos prosaicos. De modo que, se há uma unidade do poema – e parece haver – ela se compõe justamente no desaguar de duas frustrações da convenção ordinária: quando o lírico esbarra-se com os ruídos do prosaico e quando este, ao se abrir ao narrativo, toma a forma do fragmento (que por sua vez exige um forte índice de poeticidade[51]): só então o texto, embora multifacetado, se faz obra, totalidade até certo ponto fechada em si mesma. Em outras palavras, se o poema é dialético – e tudo indica que o seja – deve sê-lo já em sua própria composição, como podemos vislumbrar no esquema abaixo:

LIRISMO/RUÍDOS – NARRAÇÃO/FRAGMENTO – POÉTICO

O lirismo é negado pelos ruídos, de onde brota a narração, que é negada pela fragmentação, que recupera no conjunto o propriamente poético. O poema não seria assim nem lírico nem narrativo nem lírico-narrativo, mas a obra de desmantelamento de uma tal fixação de gêneros. Obra, ação de linguagem, traz nos interstícios dessas contradições o tecido de todas as demais contradições (pessoais e sociais), das quais o poema é, de um só golpe,

---

[51] No sentido jakobsoniano do termo, da projeção do eixo de seleção sobre o eixo de combinação. Cf. JAKOBSON, R. Lingüística e comunicação. São Paulo: Cultrix, 1975.

veículo[52] e teor, se por teor entendermos aquela unidade entre conteúdo e forma, de que já nos falou Walter Benjamin[53].

Com isso, com essa relação entre conteúdo e forma, tocamos um problema espinhoso, fonte de *muitos equívocos e falsas promessas*: as relações entre o texto e o mundo, o texto e o contexto[54]. Para um analista minimamente consciencioso, a questão a ser enfrentada é: como mergulhar nas malhas do texto sem negligenciar o mundo e, num mesmo lance, como recuperar o mundo sem abandonar o texto?[55] Contudo, para resolver este impasse, o crítico precisa ser um pouco mais que consciencioso; ele deve ser hábil, o que muitas vezes não depende de sua boa-vontade. No caso do *Poema sujo*, uma maneira fácil de sair deste impasse seria apelar para o óbvio, e ao mesmo tempo – por que não dizê-lo? – acéfalo: bastaria deter-se nas abundantes palavras concretas que o poema dissemina: ali estaria o mundo, nu e cru, esperando, na obra, ser analisado. De resto, o poeta é assaz generoso com as coisas do mundo, ao tornar matéria de poesia não só o "cheiro de um bicho", a "merda", a "lama da fábrica", como também "um rio", "as ruas", "as palhoças". Mas um tal procedimento seria indubitavelmente, como insinuamos, sem tino: nasceria de uma concepção de mundo completamente ingênua. O mundo, como

---

[52] Cf. RICOEUR, P. "Métaphore et reference", in: cf. RICOEUR, 1997, p. 273. Cf. ainda, COSTA LIMA, L. "Poética da denotação", in: *A metamorfose do silêncio*. Rio de Janeiro: Eldorado, 1974, p. 3.

[53] Cf. nota 47.

[54] Cf. RICOEUR, P. "La métaphore et le problème central de l'hermenêutique", in: RÉVUE PHILOSOPHIQUE DE LOUVAIN, tomo 70. Fev. de 1972.

[55] Cf. CANDIDO, A. *Literatura e sociedade*. São Paulo: Companhia Editora Nacional, 1975. Cf., do mesmo autor, *O discurso e a cidade*. São Paulo: Duas cidades, 1990.

alguém já observou[56], não é a totalidade das coisas, mas a totalidade dos fatos. E, todavia, nada é menos óbvio que um fato...

Para termos uma idéia mais precisa disso que estamos dizendo, vejamos este fragmento a seguir, tomado isoladamente:

> "Carmélia caiu na vida
> porque ainda não existia a pílula
> pagou caro aquele amor
> feito com dificuldade
> detrás do jirau de roupas
> em pé junto à cerca
> enquanto a família dormia
> (o mesmo gosto de hortelã
> das pastilhas de aniversário)
> Seu pai, seu Cunha, barbeiro,
> quase morre de vergonha."

O que temos? Dois fatos: o de uma moça que ingressou na prostituição, devido uma gravidez indesejada e não-institucionalizada, e o de um pai que, inserido em um ambiente social determinado, sofre de vergonha pelo feito de sua filha. Esses fatos são narrados com toda precisão necessária: a moça se chama Carmélia, o pai se chama Cunha; este possui uma profissão, de onde podemos depreender sua posição social: é barbeiro; aquela viveu uma experiência amorosa em um local e uma hora convincentes e plausíveis, junto a uma cerca, quando a família dormia. O poema se esmera até em dizer em que posição o coito se deu: "em pé". Além desses detalhes físicos, acrescentam-se

---

[56] Cf. WITTGENSTEIN, L. Tractatus logico-philosophicus. São Paulo: EDUSP, 1994, p. 135: "O mundo é a totalidade dos fatos, não das coisas".

detalhes psíquicos ou morais: a moça "pagou caro", isto é, foi castigada ao perder seu lugar institucional de origem, a família, e "caiu na vida"; o pai "quase morre de vergonha". O poeta não poderia ser mais realista. Porém, se este é o caso, não estaria a poesia deixando-se à tarefa de copiar o real, de imitá-lo, de retratá-lo passivamente?

Se o poeta estivesse simplesmente decalcando o real pré-existente estaria fazendo algo de muito pouca ou nenhuma eficácia estética. E, no entanto, o *Poema sujo* é poeticamente bastante eficaz, sem dúvida. Todavia, a realidade nele é um elemento inescapável. Mas como ela aí se imiscui sem que ele com isso se reduza a ser uma mera imitação do real? *A nossa hipótese é a de que, em conformidade com o uso da linguagem ensaiado neste poema, a inscrição da realidade, que aí é realidade histórica, dá-se antes pelo viés do esquecimento que pela memória propriamente dita, isto é, o eixo estrutural no qual a manifestação da história se torna possível sem decalque não é bem a memória, como era de se esperar*[57], *mas antes o esquecimento*. Ou ainda, a memória nele se constrói a partir da construção poemática do esquecimento como um seu pólo dialético, isto é, ao mesmo tempo contraditório e conciliante. Para uma abordagem "em ação" do que venha a ser isso, vejamos o primeiro segmento do poema:

> "turvo turvo
> a turva
> mão do sopro
> contra o muro
> escuro
> (...)
> mas como era o nome dela?

---

[57] Cf. VILLAÇA, A. "Em torno do Poema sujo", in: GULLAR, F. Poema Sujo. Rio de Janeiro: José Olímpio, 1995, p. 17: "Não admira que o Poema Sujo, um poema da memória, tenha escolhido o presente como tempo verbal predominante".

(...)
Seu nome seu nome era...
Perdeu-se na carne fria
perdeu-se na confusão de tanta noite e tanto dia
perdeu-se na profusão das coisas acontecidas (...)

mudou de cara e cabelos mudou de olhos e risos
mudou de casa
e de tempo: mas está comigo está
perdido comigo
teu nome
em alguma gaveta "

O poema, como se pode ver, inicia-se tateante; tudo é obscuro e escorregadio, tudo se mistura num claro/escuro de imprecisas interrogações ("como água? como pluma?") e excitantes expectativas: "menos que furo / escuro / mais que escuro: / claro (...) claro: coisa alguma / e tudo / (ou quase)". Antes, o poeta escrevia: "menos que mole e duro menos que fosso e muro: menos que furo / escuro". O que é "fosso", isto é, buraco, abertura, é também "muro", ou seja, impedimento, impecílio. O que é "furo", ou seja, ponto de visibilidade, é "escuro", quer dizer, vazio de luminosidade, escasso de lembranças; esquecimento puro. Porém, o "mais que escuro", continua o poema, é "claro", um claro ainda *sui generis*, incomparável – diríamos: o grau zero da memória; daí a seqüência de interrogações que tenta aproximar o "claro" a coisas leves: "como água? como pluma?" E uma vez mais a fuga ou retirada da iluminação, a resistência do esquecimento: "claro mais que claro claro: coisa alguma / e tudo / (ou quase)". O poeta moderno não possui mais, coisa banal, a companhia das Musas. Está só e esquecido. Mnemosine é problemática... Contudo, a resistência do esquecimento não implica a anulação da memória: o sujeito do poema começa a emergir do fundo mesmo do claro/escuro esquecimento: por isso mesmo não surge ainda como homem feito mas como um bicho cósmico que sonha: "um bicho que o universo fabrica e vem sonhando desde as entranhas".

Sem nomear a questão do esquecimento, embora tocando-a de leve ao se deter no problema da *distância* e no "eterno paradoxo do passado-vivo", Alcides Villaça, que privilegia a leitura do *Poema sujo* pelo viés da memória, adianta uma saída bastante convincente para o problema do acolhimento do real na tessitura do texto: para ele "Gullar encara um outro paradoxo, interior à enunciação: o da própria imagem, reconhecida como portadora de presença e ausência" (cf. Villaça, 1995: 16). Sua tese é a de que, se o passado jaz perdido, impondo distância ao poeta que o interroga, a linguagem, por sua própria conta, iconiza essa distância. Porém, na medida em que, modernamente, no interior da linguagem insinua-se a consciência crítica do poeta, a distância tende a ser superada: "O que está claro e oculto no passado está claro e oculto na linguagem" (*id., ibid.*: 17)[58]. O passado se rejuvenesce pela consciência crítica do poeta, que é interveniente.

Não teríamos nada a contestar nesta interpretação; o que simplesmente nos instiga a ir mais adiante é o fato de que o ensaísta não nos tenha mostrado *como* funciona essa "consciência crítica", como ela trabalha na própria composição do poema, "no interior da enunciação". A resposta, diz ele fica "sutilmente implícita" *(id., ibid.*: 18), quando a tarefa mesma seria explicitar, analítica e teoricamente, o que faz da "experiência dessa consubstanciação" entre o passado e a linguagem "a qualidade da poesia mais alta" (*id., ibid.*: 17). A nossa hipótese, dizíamos, é que, ao evocar o passado real na construção do poema, o esquecimento

---

[58] Para a compreensão desta correlação entre signo e sentido, cf. BRITO, J. B. de. *Signo e imagem em Castro Pinto*. João Pessoa: UFPB, 1995.

possui um lugar *estruturante* na estratégia da consciência crítica do poeta e na instauração não imitativa do real e da história.

O esquecimento seria a própria estratégia da *mímesis*, que não se confunde com a imitação[59], estratégia a partir da qual a memória se veria deliberada e se deixaria fluir sem peias, tornando permeáveis as barreiras de contato entre as experiências passadas e seu acolhimento, crítico ou simplesmente impressivo, no poema. Para usar duas expressões muito caras a Luiz Costa Lima, deveríamos dizer que, sem o papel estruturante do esquecimento a *mímesis* ensaiada no poema seria uma "*mímesis da representação*", ao passo que, mediante sua estratégia na própria composição do poema, como veremos, o texto se constrói pela "*mímesis da produção*" (cf. Costa Lima, 1980: 168). Em *Mímesis e modernidade*, com efeito, enquanto tenta uma acirrada crítica da estética e trabalha para uma teoria autônoma da literatura, Costa Lima assevera que o produto mimético, "enquanto um dos modos de estabelecimento da identidade social", funciona como "exploração da dobra da palavra", a partir justamente de um contexto histórico-social determinado, no qual a palavra se tornou dobrável, ambígua, intransparente.

Ele propõe, assim, um conceito de *mímesis* que se atualiza malgrado o real pré-existente: contrapondo-se à *mímesis da representação*, que supunha este real, postula a noção de *mímesis da produção*, segundo a qual "o ato mimético já não pode ser interpretado como o correlato a uma visão anteriormente estabelecida da realidade" (*id., ibid.*: 169)[60]. Desse modo,

---

[59] Cf. COSTA LIMA, L. *Mímesis e modernidade*. Rio de Janeiro: Graal, 1980.

[60] Cf., a propósito, o conceito de verdade metafórica de Paul Ricoeur. Em: RICOEUR, 1997, p. 311: "Pode-se arriscar a falar de verdade metafórica para designar a intenção 'realista' que se liga ao poder de redescrição da linguagem poética".

como o real anterior estará sempre perdido[61], o próprio da *mímesis da produção* será, ainda segundo Costa Lima, "provocar o alargamento do real[62], a partir mesmo de seu *deficit* anterior" (*id., ibid.*: 170). O que significa, no caso do *Poema sujo,* e de acordo com a leitura que propomos, que quanto mais há esquecimento, mais a palavra se dobra e, nas dobras da palavra, alarga-se a memória que, sob a sombra do olvido, avança e cinge livremente o real (sem controle do imaginário). Esse real, entretanto, não surge mais tal e qual passado, mas filtrado pela consciência crítica do poeta, que garante certo distanciamento do mundo e se instaura no poema quando a memória, nos limites do esquecimento, aflora e inventa:

> "Que importa um nome a esta hora do anoitecer
> em São Luís do Maranhão à mesa de jantar sob
> uma luz de febre entre irmãos e pais dentro de um
> enigma?"

O nome era buscado e não encontrado porque esquecido. O nome era buscado talvez por uma questão de fidelidade. Mas, quando o esquecimento é assumido positivamente, o nome próprio já importa pouco ou quase nada. Vimos, de fato, como no início do poema a

---

[61] Como de resto sabe nosso poeta, conforme podemos ver no poema "Praia do caju", de *Dentro da noite veloz:*
> "o que passou passou.
> Jamais acenderás de novo
> o lume
> do tempo que apagou".

[62] O que Costa Lima chama de "alargamento do real" Ricoeur designa por "refiguração" ou "mimese III". Cf. RICOEUR, 1994, p. 110: "Diria que mimese III marca a intersecção entre o mundo do texto e o mundo do ouvinte ou do leitor. A intersecção, pois, do mundo configurado pelo poema e do mundo no qual a ação efetiva se exibe e exibe sua temporalidade específica".

primeira aparição do eu lírico se dá na qualidade de bicho. Com efeito, isto sugere o estado precário e esquemático em que, desde o começo, tudo está situado. Até que ele se constitua gente, com pais e irmãos, cidade e casa, uma caça se inicia no próprio fundo tenebroso do esquecimento: é preciso 1) o encontro com um Outro, tanto quanto 2) uma ruptura com esse Outro, para que ele possa 3) se tornar um Si-mesmo. Daí a primeira lembrança ser concomitante à aparição dessa alteridade, sob a névoa do azul: "azul / era o gato / azul era o galo / azul / o cavalo / azul / teu cu". Note-se, da mesma forma, que o tu, antevisto no déitico /teu/, não surge imediatamente: alguns animais o precedem e, além disso, esse tu, surgido no elemento do corpo, /teu cu/, é alguém sem nome. O poeta, então, para assegurar essa alteridade e fazer de si um sujeito, busca dar forma humana àquele que possui, como os outros animais, um ânus, tentando atribuir-lhe um nome:

> "bela bela
> mais que bela
> mas como era o nome dela?
> Não era Helena nem Vera
> nem Nara nem Gabriela
> nem Tereza nem Maria
> Seu nome seu nome era...
> Perdeu-se na carne fria"

Do reconhecimento da perda, o poeta passa a se constituir como eu lírico: "mas está comigo está / perdido comigo / teu nome"; da consciência de que na raiz da memória subjaz o esquecimento surge a possibilidade de o poema se desenvolver sem constrangimento. Graças à perda e apesar dela, a memória começa a atacar o real: "que importa um nome a esta hora do anoitecer em São Luís

(...)?" Quando o poeta se indaga sobre a importância (ou não) do nome, ele ao mesmo tempo fecha e abre; fecha o esquecimento, já instaurado no pórtico do texto como condição de possibilidade do que virá, e por isso chamado de o "umbigo do poema"[63], e abre a memória, mediante a suspensão do esquecimento, suspensão a partir da qual se move e cresce o corpo do poema. Pode-se dizer que o poema toma forma a partir dessa ruptura ou superação (assumida) do esquecimento: então surge a cidade de São Luís (sabemos agora – mas até que ponto? – onde estamos), surgem os pais e os irmãos (sabemos agora – mas até que ponto? – com quem estamos), a mesa do jantar, a hora, e a configuração da casa como enigma (sabemos agora – mas, ainda, até que ponto? – em que circunstâncias nos encontramos), a casa como enigma para o qual, em certa medida, o restante do poema tentará ser uma decifração ou desvelamento.

O esquecimento, portanto, serve de contrapartida dialética da memória, contrapartida mediante a qual o poema cinge o real sem representá-lo como algo dado de antemão. O caso de Carmélia, como tantos outros, é real dentro da memória, mas de uma memória que não é mera lembrança, mas invenção ou reinvenção do passado. A *mímesis* efetuada no *Poema Sujo*, dizíamos, é uma *mímesis da produção*; há diferença entre o enunciado do poema e a enunciação do real, diferença ultrapassada pela intervenção do eu lírico que, na modernidade, se constitui no texto como consciência crítica e, desse modo, intensifica o real na medida em que não só o enuncia, mas o pensa.

---

[63] Cf. GULLAR, F. "A história do poema", in: _____ . *Poema sujo*. Rio de Janeiro: José Olympio, 1995, p. 9: "E foi um alívio quando, calcando lentamente as teclas, pude escrever: turvo turvo / a turva / mão do sopro / contra o muro. Encontrando o umbigo do poema, ele foi tomando corpo".

A esse propósito, Theodor Adorno, em ensaio já citado, escreve: o material próprio da obra de arte "não se esgota na mera intuição. Para poderem ser esteticamente intuídos, eles querem sempre ser pensados também, e o pensar, uma vez posto em jogo, não pode mais, a seu comando, sustar-se" (cf. Adorno, 1973: 194). No jogo entre esquecimento e memória, onde o primeiro é condição de possibilidade da segunda, instala-se o próprio jogo da linguagem, onde a ausência de significação, ou a diferença entre os signos, para falar com Saussure[64], é condição de possibilidade de mais significação. Ou, como diz João Alexandre Barbosa: "o poema moderno institui-se no horizonte da insignificação justamente porque busca o significado mais radical de sua viabilidade com relação aos modos de nomear as circunstâncias do poeta"[65]. O *Poema sujo* não poderia ser bem compreendido se não levássemos em conta esta tensão da *diferença*, onde a verdadeira poesia, salvo engano, enfim se aloja. Ora, não seria também aí afinal o lugar da melhor inteligibilidade e configuração da dialética da civilização e da barbárie?

---

[64] Cf. SAUSSURE, F. Apud MERLEAU-PONTY, M. "A linguagem indireta e as vozes do silêncio", in: *Os pensadores*. São Paulo: Abril, 1973.

[65] Cf. BARBOSA, J. A. *As ilusões da modernidade*. São Paulo: Perspectiva, 1986, p. 27.

Finitude e infinitude em Paul Ricœur*

Infelizmente, aqui entre nós Paul Ricœur ainda não é um daqueles autores que dispensam apresentação. Assim, antes de iniciar minha exposição sobre finitude e infinitude em seu pensamento, parece oportuno dizer algo a seu respeito. Ricœur nasceu em 27 de fevereiro de 1913, tem 89 anos e mora em Paris. Formou-se nos anos 30 na escola da filosofia reflexiva e, mesmo tendo perdido seu pai no *front* da Primeira Grande Guerra, já nessa época era crítico ferrenho do famoso e também vergonhoso tratado de Versailhes, pois com acerto percebia ser ele um dos sérios motivos, como de fato o foi, para a emergência de um segundo conflito. Ora, apesar disso, estando em fins dos anos 30 na Alemanha a estudos, foi surpreendido com a eclosão da Segunda Guerra mundial, preso e levado ao cativeiro de um campo de concentração. Data desta época suas primeiras preocupações com o problema do mal, e é no cativeiro, com efeito, que projeta escrever um livro sobre a vontade.

---

* Escrito em agosto de 2002 especialmente para o Café Filosófico do GEMT (Grupo de Estudo em Metafísica e Tradição), da UFRN, organizado pelo Prof. Dr. Oscar Federico Bauchwitz, a quem agradeço o convite.

O *voluntário e o involuntário*, primeiro tomo de sua *Filosofia da vontade*, apareceu em 1950 e, em 1960, ele publica o segundo tomo, intitulado *Finitude e culpabilidade*. Tratava-se, aquele primeiro volume, de fazer uma contrapartida prática ao impressionante livro de Maurice Merleau-Ponty, *Fenomenologia da percepção*. Segundo Ricœur, Merleau-Ponty retomava o movimento de pensar de Edmund Husserl, o fundador da fenomenologia, para elaborar, do ponto de vista teórico, os fundamentos de uma ontologia do mundo vivido. Isso, contudo, era para o jovem filósofo apenas a metade da tarefa, pois lhe pareceu faltar a dimensão prática desta empresa, e esta deveria ser construída a partir de uma filosofia da vontade capaz de entrelaçar o método reflexivo com o método fenomenológico. O segundo volume, sem esgotar o problema, viria trazer novas contribuições, dentre elas um estudo antropológico sobre a fragilidade do homem e uma filosofia hermenêutica para o desbravamento de uma simbólica do mal.

Contudo, Ricœur não se inquietou somente com perguntar pela origem do mal e a tentativa de uma fenomenologia da vontade. Sabia da complexidade da experiência humana e procurou outros métodos, além do reflexivo e fenomenológico, para dar conta dessa complexidade. A hermenêutica, filosofia da interpretação, desempenhou aí importante papel, e ele quis também saber se haveria alguma possibilidade de a experiência humana ser diferente, apesar do mal. Ora, como esta humana experiência se dá fundamentalmente como linguagem, procurou saber se à linguagem é dado renovar-se, transfigurar-se, expandir-se em novos e novos sentidos. Essa busca o levou a um fecundo diálogo com as disciplinas de cunho lingüístico e semântico, como a antropologia estrutural de Lévi-Strauss e a psicanálise de Freud, além de lingüistas mesmos, como Greimas e É. Benveniste. Sua questão antropológica se enraizou no problema da inovação semântica. Como é possível uma metáfora nova? Como se constitui uma metáfora viva? Com efeito, depois de um amplo diálogo com Freud no livro de 1965, *Da interpretação*, no qual o estudo do inconsciente e de seu impacto para uma filosofia da consciência dava continuidade à pesquisa sobre as fontes do mal, e do livro *O conflito das interpretações*, de 1969, Ricœur publica, em 1975, uma série de estudos sobre a palavra, a frase, o discurso, o sentido, a referência, intitulado *A metáfora viva*, livro que se prolongaria no estudo sobre a configuração narrativa da ficção e da historiografia e a produção de novos sentidos no ato de narrar, estudo composto de três densos volumes, publicados entre 1983 e 1985, intitulado *Tempo e narrativa*. A possibilidade de dizer algo novo, essa é, *grosso modo*, a tese de Ricœur, ela nos garante de algum modo a possibilidade de fazer algo novo, diferente do mal. Como seria, todavia, essa outra experiência, diversa do mal já aí, do mal sempre já aí, disponível à liberdade humana?

Responder a esta pergunta, ainda no contexto da apresentação de nosso autor, significa falar da contribuição da filosofia contemporânea de língua inglesa no desenvolvimento de seu trabalho. Ricœur foi professor na Sorbonne, ensinou em Nanterre, mas todos sabem o quão importante e cobiçada é uma cátedra no *Collège de France*. No final dos anos 1960, com a morte de Jean Hyppolite, o famoso tradutor da *Fenomenologia do Espírito* de Hegel, uma cadeira ficava vaga naquele estabelecimento e Ricœur se candidatou a ela. Os anos 60, como sabem, foram a época áurea do estruturalismo, Michel Foucault acabara de publicar o *best seller As palavras e as coisas*, nada levava a crer que essa vaga no *Collège de France* não fosse dele, e foi assim que ficou. Ricœur, então, estreitou seus laços com as universidades dos Estados Unidos e esteve anos a fio trabalhando por lá e desfrutando de tempo suficiente para aprofundar seus estudos de filosofia analítica da linguagem e outras. Grande parte da bibliografia de *A metáfora viva* e *Tempo e narrativa* está escrita em inglês, e o livro *Si mesmo como um outro*, de 1990, é um vasto diálogo, dentre outras, com a filosofia da linguagem de um Strawson, um Searle, um Davidson, etc. Neste livro se delineia um esboço de resposta a como poderia ser uma experiência diversa do mal. Isto é, como seria uma vida considerada sob o signo do bem. Aspirar a vida realizada, com e para os outros, em instituições justas seria o modo pelo qual a estima de si, a autonomia, a solicitude e o respeito configurariam os valores de um mundo habitável.

Mas, ao meu ver, talvez o traço biográfico mais significativo de Ricœur esteja no confronto, travado ao longo dos anos de 1960, entre ele e o movimento estruturalista, sob a alegação da morte do sujeito. Como todo movimento de idéias, o estruturalismo teve muitos inimigos e contestadores. Mas, como todo movimento muito contestado, nem sempre o estruturalismo foi bem compreendido. O jovem e excelente historiador François Dosse, depois de ter escrito dois alentados volumes sobre a história do estruturalismo, *O campo do signo* e *O canto do cisne*, resolveu escrever a história dos verdadeiros contestadores desse movimento, a história daqueles que contestaram, não um fantoche, mas o sentido mais exato do estruturalismo. E escreveu a biografia intelectual de Paul Ricœur, com quase mil páginas. Ricœur – e isto é um traço fundamental de seu modo de trabalhar e pensar – não criticou uma má compreensão do estruturalismo, compreendeu-o como ele mesmo gostaria de ser compreendido, aproveitou-o e utilizou-se dele como ele mesmo queria ser aproveitado e utilizado, mas soube apontar em justa hora os limites de suas pretensões e nunca foi um seu seguidor, senão o seu crítico mais radical.

Enquanto os estruturalistas viveram, contudo, Ricœur permaneceu na quietude de quem trabalha sem alarde e acredita no que faz. O começo dos anos 1980 foi sinistro para os principais representantes do círculo estruturalista. Lacan, o mestre dos seminários magistrais, morreu afásico; Barthes, escritor de incrível mobilidade verbal, morreu atropelado; Foucault morreu de Sida. Nessa mesma época Ricœur começou a publicar sua obra prima, *Tempo e narrativa*. Nessa mesma época o fruto de um longo trabalho feito quase em surdina começa a ganhar visibilidade mundial. Seu trabalho é traduzido e estudado em vários países, e até os japoneses lhe dedicam teses de doutorado.

Mas foi com a publicação em 2000 do livro *História, memória, esquecimento* que Ricœur, agora dentro de seu próprio país e fora, foi aclamado como um dos mais importantes filósofos vivos da Europa.

Isto posto, agora talvez possamos interrogá-lo e perguntar como ele pensa a finitude e a infinitude.

Escolhemos o texto *Finitude e culpabilidade*, mais precisamente a primeira parte intitulada *O homem falível*, e o fizemos por dois motivos. Em primeiro lugar porque não há tradução dele aqui entre nós e esta é uma boa oportunidade para apresentarmos algo da tradução que venho fazendo dele. Em segundo lugar porque nele sua tese sobre a dialética do finito e do infinito está exposta de um modo mais claro e desenvolvido.

Ricœur parte da seguinte afirmação de Descartes, no começo da IV *Meditação*: "E de fato, quando não penso senão em Deus, não descubro em mim nenhuma causa de erro ou de falsidade; mas logo depois, voltando a mim, a experiência me faz conhecer que estou entretanto sujeito a uma infinidade de erros, dos quais buscando a causa mais de perto observo que não se apresenta somente ao meu pensamento uma real e positiva idéia de Deus, ou de um ser soberanamente perfeito, mas também, por assim dizer, uma certa idéia negativa do nada, isto é, do que é infinitamente separado de toda sorte de perfeição; e que eu sou como um meio entre Deus e o nada, isto é, colocado de tal modo entre o soberano ser e o não-ser, que não se encontra, de fato, nada em mim que possa conduzir ao erro, enquanto um soberano ser me produziu; mas que, se eu me considero como participando de algum modo do nada ou do não-ser, isto é, enquanto não sou eu mesmo o soberano ser, eu me encontro exposto a uma infinidade de faltas, de modo que não devo me espantar se me engano" (apud Ricœur, 1960, p. 22). Esta passagem, que diz respeito a uma teoria do juízo, supõe uma teoria das faculdades (o entendimento finito e a vontade infinita) e uma antropologia que pensa o homem como intermediário entre o finito e o infinito. Para Ricœur, contudo, é preciso se desfazer dessas representações e preconizar um modo de pensar a relação entre finitude e infinitude segundo um conceito de homem no qual a finitude não se identifica completamente com o homem e o infinito com o outro do homem, Deus. Ricœur diz ser necessário pensar o próprio homem como dialética de finitude e infinitude.

Isto implica pelo menos três coisas, e nossa tarefa aqui será desenvolver essas três implicações: 1) o conceito de homem não pode identificar-se diretamente com o conceito de finitude ou, o que dá no mesmo, o homem, concebido como dialética de finitude e infinitude, supõe um conceito de finitude que é, ao mesmo tempo, limitação e transgressão de limite; 2) a possibilidade de transgredir a finitude, posta como veremos pela dimensão da linguagem, coloca o homem no lastro de uma experiência concreta com a infinitude; 3) essa experiência nos conduz à afirmação da vontade (do desejo) como estofo dessa concreta infinitude aberta pela linguagem. No conjunto dessas implicações deve ficar claro o seguinte: o conceito de infinitude não é dado de antemão pelo filósofo; é preciso aceder a ele; é preciso conquistá-lo.

Quanto ao primeiro ponto, diz Ricœur: "Poder-se-ia crer que se pode começar diretamente uma meditação filosófica sobre a finitude pela consideração do *corpo próprio*. Certamente, é à insólita relação que eu tenho com meu corpo que reenvia toda experiência de finitude. Mas este nó da finitude não é o que se mostra em primeiro lugar: o que se mostra antes de tudo, o que aparece, são as coisas, os viventes, as pessoas no mundo. Sou antes de tudo dirigido rumo ao mundo. Minha finitude só se torna *problema* quando a crença de que alguma coisa aparece verdadeiramente é sacudida pela contestação, pela contradição; então eu desloco minha atenção deste *que* aparece àquele *a quem* isto aparece. Mas o refluxo do "este que" ao "àquele a quem" não me denuncia ainda minha finitude. A primeira significação que eu leio sobre o meu corpo, enquanto mediação do aparecer, não é que ele é finito, mas precisamente que ele é aberto para...; é mesmo esta abertura para... que o faz mediador originário *"entre"* mim e o mundo; ele não me encerra, ao modo de um saco de pele que, visto de fora, o faz aparecer como coisa no campo das coisas; ele me abre para o mundo, seja quando deixa aparecer as coisas percebidas, seja quando me torna dependente das coisas que me faltam, em que experimento a necessidade, que eu desejo porque estão alhures ou mesmo em lugar nenhum no mundo; ele me abre ainda para o mundo, mesmo quando me isola no sofrimento; pois a solidão do sofrimento é ainda freqüentada pelas ameaças do mundo ao qual eu me sinto exposto como um flanco descoberto. Ele me abre ainda aos outros enquanto exprime, isto é, mostra o dentro para o fora e se faz signo para outrem, decifrável e ofertado à multiplicidade das consciências. Enfim meu corpo me abre ao mundo por tudo o que ele pode fazer; ele está implicado como poder na utensilidade do mundo, nos aspectos praticáveis deste mundo que minha ação sulca, nos produtos do trabalho e da arte" (cf. Ricœur, 1960, p. 37).

Quer dizer, é num mesmo movimento que o corpo é finitude e transgressão da finitude, pois se sua finitude está na *receptividade* pela qual o mundo lhe é dado sempre em perspectiva, é esta mesma *receptividade* que lhe garante ir além de si, abrindo-se para o outro de si, abrindo-se ao mundo.

Quanto à possibilidade de transgredir a finitude em direção à infinitude, no homem, isto se dá, como dissemos, pela linguagem. O homem, por receber (e não criar) seus objetos, e sempre segundo uma perspectiva presente, sempre segundo um certo ponto de vista que exclui os demais, é um ser finito; mas como nenhum outro ser finito ele é capaz de falar desta finitude. A finitude é finitude para ele. "É o homem finito *ele mesmo* que fala de sua própria finitude", diz Ricœur. "Um enunciado sobre a finitude atesta que esta finitude se conhece e se diz ela mesma; pertence pois à finitude humana não poder se experimentar a si mesma senão sob a condição de uma "vista-sobre" a finitude, de um olhar dominador que já começou a transgredi-la. Para que a finitude humana seja vista e dita é preciso que o movimento que a supera seja inerente à situação, à condição ou ao estado de ser finito. Isto é, que toda descrição da finitude é abstrata, isto é separada, incompleta, se ela se omite a prestar contas da transgressão que torna possível o discurso mesmo sobre a finitude. Este discurso completo sobre a finitude é um discurso sobre a finitude e sobre a infinitude do homem" (*id., ibid.*: 42). Ao ser capaz de dizer da finitude eu já me ultrapasso a ela.

Mas não é só isso. Pela linguagem, o próprio objeto antes percebido em perspectiva pode ser dito em conjunto, pois o dizer não fala somente do presente, mas também do que se põe ausente em múltiplos lados. Tomemos, por exemplo, este copo. De cada vez eu só vejo dele um lado; esta limitação da minha capacidade de perceber acusa minha finitude, mas quando eu digo "este copo" o que acabo de dizer transgride minha perspectiva, pois ao dizer "este copo" quis-dizer a totalidade de suas posições e de seus aspectos. O querer-dizer da linguagem apreende o objeto, pelo menos em intenção, sob o signo do universal, e então o objeto é a face presente que eu percebo e também todas as outras faces escondidas à percepção. Escutemos o próprio Ricœur: "Se observo agora que significar é querer-dizer, a transgressão do ponto de vista não é outra coisa senão a palavra ou fala enquanto possibilidade de dizer e de dizer o ponto de vista ele mesmo. Eu não sou, portanto, somente olhar situado, mas querer-dizer e dizer como transgressão intencional da situação; desde que eu fale, eu falo de coisas em suas faces não percebidas e em sua ausência. Assim a intenção perceptiva finita, que me dá a presença percebida no presente vivo, que é o presente da presença, nunca está só e nua; ela está sempre, enquanto plena, tomada numa relação de preenchimento mais ou menos completo com relação a uma outra visada que a atravessa de lado a lado, que a transita literalmente e a que a palavra ou fala está originalmente ligada; esta visada é o querer-dizer do dizer. Nascendo, eu entro no mundo da linguagem que me precede e me envolve. O olhar mudo é retomado no discurso que lhe articula o sentido; e esta dizibilidade do sentido é uma contínua superação, ao menos em intenção, do aspecto perspectivo do percebido aqui e agora" (*id., ibid.*: 44). O dizer me eleva para além do simplesmente percebido, e se a percepção testemunha minha finitude, a linguagem me reporta ao infinito.

A própria relação dialética entre o ver e o dizer configura a dialética mesma entre finitude e infinitude. Mas, dissemos, a linguagem nos abre à dimensão do infinito; ela nos abre a esta dimensão, mas pode-se dizer que ela mesma já é a dimensão do infinito? Sem responder imediatamente esta pergunta, que nos baste chamar a atenção para o que está em jogo nela. A idéia de infinito não está de antemão já construída. Até agora, entre o ver e o dizer, deve ter ficado claro que o homem precisa ser definido como finitude e como infinitude, mas ainda não ficou completamente claro qual o conceito mesmo de infinitude. Não aceitando a concepção cartesiana do homem como intermediário entre o animal e o anjo, Ricœur todavia reformula a dialética pressuposta por Descartes ao postular, em sua teoria do juízo, a distinção entre o entendimento finito e a vontade infinita. "Há uma grande verdade", diz Ricœur concedendo algo a Descartes, "que só aparece no começo, na tese cartesiana da finitude do entendimento e da infinitude da vontade, uma e outra implicadas na potência do julgar; Descartes convida aqui a proceder a uma segunda redução, depois desta que fez aparecer a polaridade da palavra e da perspectiva, da significação e da percepção; esta segunda redução, no interior do que nós chamamos globalmente o sentido da significação, a visada, a palavra, deve fazer aparecer o momento da afirmação" (*id., ibid.*: 49). Ora, é este momento da afirmação, nascido no interior da dialética entre ver e dizer, que nos informa da experiência mesma da infinitude. Esta afirmação, que Ricœur pensará como originária, é o próprio desejo como fundo inexpugnável da realidade humana. O desejo, como afirmação originária, é o esforço contínuo que nos faz, como diria Espinosa, permanecer na existência. A experiência da infinitude, pois, em Ricœur, é esta afirmação originária pela qual o homem se define como um perpétuo fazer e fazer-se, um perpétuo refazer e refazer-se, atendendo a um desejo de ir cada vez mais além do simplesmente dado. O infinito, no homem, poder-se-ia dizer, é este profundo desejo de ser e de ser *Criador*.

J. L. Borges: alteridade*

Para
Lygia Cazellato

*Quand tout est conté,
on ne parle jamais de soi sans perte.*

(Montagne)

O conto "Pierre Menard, autor del Quijote", carregado com notas-de-rodapé, é ele mesmo uma nota. Uma nota de esclarecimento acerca da integridade da presumível obra do récem-defunto Pierre Menard. Nesta nota, ao que parece, sucedem três momentos de exposição: o primeiro começa com o texto e vai até o fim da "nota 1", no final da lista das chamadas obras visíveis do autor. O segundo começa com a frase "até aqui (...) a obra *visível* de Menard, em sua ordem cronológica" e chega até a frase "a glória é uma incompreensão e talvez a pior", onde o narrador se detém na obra invisível, "subterrânea", de Menard. O terceiro momento é o restante.

* Escrito em 1997 e publicado originalmente em: RAPSÓDIA. Almanaque de filosofia e arte, nº 02, São Paulo, Humanitas (FFLCH-USP), 2002.

O autor desta "nota de esclarecimento" – ou seja, o narrador do conto – é um amigo fiel e consciencioso deste escritor cuja memória, devido a imperdoáveis omissões e adições perpetradas por uma certa Mme. Bachelier num catálogo de sua obra, está prestes a ser "empanada". O narrador, portanto, como um daqueles "autênticos amigos" que viram com alarma e tristeza o catálogo preparado por aquela displicente senhora decide-se fazer uma retificação. Consciencioso e fiel amigo de Menard, o narrador é também bastante modesto. Embora veja como inevitável esta retificação – e ainda que "breve" –, sabe ser fácil vir a ser refutado, pois sua autoridade, conforme diz, é pobre. Não obstante demonstrar um vasto conhecimento do arquivo da obra do amigo, menciona para fortalecer sua autoridade o testemunho de duas "valiosas" senhoras, a Baronesa de Bacourt (em casa de quem conheceu o "pranteado poeta") e a Condessa de Bagnoregio ("um dos espíritos mais finos do principado de Mônaco"), que lhe concedem o beneplácito. Quiçá o retrato que tivermos de Menard esteja ancorado na fidelidade deste amigo algo fervoroso.

No primeiro momento descobrimos um Pierre Menard, além de poeta e romancista, também prolífero e variado escritor. De soneto simbolista a monografias sobre filosofia, a obra *visível* do personagem é notável pela diversidade de temas e preocupações. Menard é também crítico literário e, nesta função, escreveu uma invectiva contra Paul Valéry, cuja peculiaridade era expressar justo o contrário do que realmente pensava a respeito deste poeta que era, afinal, seu amigo pessoal. É importante observar – e voltaremos a ela –, dentre todas as suas obras *visíveis*, esta invectiva, justamente porque ela parece ser a mais reveladora do "caráter" de seu autor.

Não obstante trinta e cinco anos de intensos trabalhos na construção de sua obra *visível*, Pierre Menard possuía ainda uma outra, "a subterrânea, a interminavelmente heróica, a ímpar". O segundo momento do conto tem como tarefa apresentá-la.

Na verdade, conforme diz o narrador, o objeto primordial da nota é justamente esta obra, certo, inconclusa, mas "talvez a mais significativa do nosso tempo": alguns capítulos e fragmentos do *Dom Quixote*.

Diante de um personagem que, além de uma vasta obra *visível*, possui a coragem de escrever uma obra já existente, é necessário deter-nos nele e traçar com as mais firmes linhas o seu perfil.

Por volta do final do segundo momento, flagramos o narrador atribuindo ao seu personagem uma "quase divina modéstia". A nos determos nesta atribuição – e levando em conta, além de suas pomposas obras, algumas declarações em carta ao narrador, salpicadas em citações ao longo do texto – somos levados a tomá-la como um laivo de ferina ironia. Com efeito, como pode um homem empenhado na impossível tarefa de compor *O Quixote*, com a admirável ambição de "produzir páginas que coincidissem – palavra por palavra e linha por linha – com as de Miguel de Cervantes", ainda poder ser considerado portador de uma "modéstia divina"?

Sem que o narrador se esforce por apresentá-lo como um megalomaníaco (apenas o movimento da narração parcialmente o confirma), em uma primeira aproximação é assim que ele nos aparece. Além disso, se contamos com o fato de que o personagem produziu sua múltipla e enciclopédica obra *visível* no início do século 20 (exatamente à época em que o processo de especialização do conhecimento, antípoda da enciclopédia, já estava acelerado) poderíamos ainda considerá-lo basicamente anacrônico, ou seja, quixotesco.

Quixotesco o é ainda quando, para efetivar sua obra subterrânea, imagina como "método relativamente singelo", diz o narrador, "conhecer bem o espanhol, recuperar a fé católica, guerrear contra os mouros ou contra o turco, esquecer a história da Europa entre os anos 1602 e 1918, *ser* Miguel de Cervantes". Para ele tudo o que é demasiado fácil é também pouco interessante; assim, como se isso não fosse suficientemente difícil, em seguida uma extrapolação deste método ocorre: agora ele deseja ser Pierre Menard e chegar ao Quixote unicamente pelas experiências de Pierre Menard. Talvez, convenhamos, o cúmulo da pretensão.

Porém, se pode ser verdadeiro afirmar, como fizemos, que o narrador se utiliza aqui e ali de ironias, não é certo que o faça em relação ao seu personagem; e algumas referências textuais confirmam sua condescendência para com aquele que, aliás, não é um simples personagem, um joguete da narrativa, mas seu dileto amigo, cuja nota não objetiva senão evitar manchar sua "límpida memória". Deste modo, parece ser preciso acreditar na quase divina modéstia de Pierre Menard.

Ademais, é importante levar em conta, para a determinação de seu caráter, o método de crítica literária que utilizou para apreciar Paul Valéry. Esta referência é tanto mais legítima quanto podemos contar com sua repetição em outra altura do texto: "Recordemos outra vez sua invectiva contra Paul Valéry". Era hábito seu – resignado ou irônico – "propagar idéias que eram o estrito reverso das preferidas por ele". Assim, suas pretensiosas declarações – "minha empresa não é difícil, essencialmente"; "contraí o misterioso dever de reconstruir literalmente sua obra espontânea [a de Cervantes]" – podem ser compreendidas justamente ao reverso, como o deveria ser a crítica severa ao poeta francês.

Desta maneira, podemos adiantar que esta postura de dizer o contrário do que pensa, sem cuidar para o estrago pessoal que isso possa significar (veja-se que quase ficamos dispostos a considerá-lo megalomaníaco e quixotesco), talvez possa ser lida como um certo abandono da subjetividade ou do excessivo cuidado de si. Neste sentido, não é o recurso à "subjetividade" que permite a compreensão do personagem, mas justamente a recusa de centrar-se nela. Isto parece se comprovar ainda mais quando Menard desiste de sua tarefa – seria preciso ser imortal para continuá-la – e a considera afinal como digna de qualquer outro homem, não se constituindo privilégio algum: "Pensar, analisar, inventar (...) não são atos anômalos, são a normal respiração da inteligência. (...) Todo homem deve ser capaz de todas as idéias e acredito que no futuro o serão".

Esta última posição traz consigo, de acréscimo, a idéia, que se tornaria corrente depois de Valéry, do primado da textualidade sobre a autoridade, o que suplanta por sua vez a imagem inicial de um Menard megalomaníaco, e não sustenta, desta maneira, sua interpretação como símbolo de vaidade literária e de pobreza cultural, como se poderia depreender de sua imagem mal traçada como a de um falso intelectual, dono de um saber inútil e desprovido de reflexão.

Assim, quer mediante a utilização de várias personas, como podemos entender agora a versatilidade dos assuntos das obras visíveis (pois Menard poderia ser autor daquelas obras como o era do *Quixote*, isto é, apenas virtualmente), quer através do método de dizer o contrário do que pensa, quer ainda pela quebra do privilégio da genialidade, quando acredita que todos os homens são capazes de todas as idéias, o que afinal encontramos – e aqui entramos no terceiro momento do conto –, é a dissolução da subjetividade como uma figura central e centralizante, detentora do sentido.

Que alternativa Borges oferece a esta dissolução? Segundo nos parece, o que aí vemos aparecer é certa abertura para a alteridade ou para a diferença, como contraponto da identidade metafísica. Neste sentido, uma das conclusões de Juan Niño, em seu livro *La filosofía de Borges*, é lapidar: "*Pierre Menard*, diz ele, não se limita a recitar uma vez mais a lição platônica, com plotinismo unitário de fundo, das identidades reunidas e subjacentes nos homens e em suas obras; pelo contrário, esforça-se por estabelecer alguns contrastes; justamente, pese à identidade de forma e fundo, entre as duas obras que são a mesma obra, há *diferenças*. (...) O que Borges quer provar é a força dessas diferenças, ali precisamente onde resulta mais difícil sua comprovação" (cf. Nuño, J. México: Fondo de Cultura, 1986, p. 54). Além disso, a permanência do texto, com a subseqüente eclipse da *autoridade*, como se pode ver com a citação reiterada do *Quixote* ("a verdade, mãe da história...") e seus sentidos diferentes, nos sugere também, como assinala Lisa Block de Behar, que "o texto não se altera mas é princípio de alteridade" (cf. Behar, L. B. de. *Al margem de Borges*. Argentina: Siglo Venturino, 1987, p. 122). Não importa quem seja o autor, se Menard, Cervantes ou o próprio Dom Quixote, como já aventaram a possibilidade; o importante é que o texto é o que fica, possibilitando a viabilidade do *diverso* – que acontece *na* leitura.

6

Ética e leitura:
Ricoeur e Dostoiévski*

Para Olgária Matos,
com ternura.

Ética, para Paul Ricœur, é "a aspiração a uma vida realizada sob o signo das ações estimadas boas"[66]. Leitura, o ato "que acompanha a configuração da narração e atualiza sua capacidade de ser seguida, considerando em conjunto – compreendendo – o diverso da ação na unidade do enredo"[67]. Ora, tanto *aspirar* quanto *acompanhar* são *atitudes* de um *sujeito*. Deste sujeito, enquanto aspira e tenta acompanhar algo diverso de si, pode-se dizer que não é detentor de uma verdade absoluta e, nesta medida, não é auto-suficiente. Dele pode-se dizer, antes, que está

---

* A primeira versão deste trabalho foi publicada originalmente em: RAPSÓDIA. Almanaque de filosofia e arte, nº 02, São Paulo, Humanitas (FFLCH-USP), 2002.
[66] Cf. RICOEUR, P. *Soi-même comme un autre*. Paris: Seuil, 1990, p. 221.
[67] Cf. RICOEUR, P. *Tempo e narrativa*, I. Campinas: Papirus, 1994, p. 117.

por isso mesmo em vias de *formar-se*. A formação do sujeito, contornada pela leitura e interpretação de si, é assim uma atitude ética, porquanto desvelar a ilusão de que detenha de imediato o sentido das coisas (ou possua em si uma verdade absoluta), desvelá-la e desapossar-se dela seja de algum modo alcançar um nível melhor de vida. De fato, "pela compreensão de nós mesmos apropriamo-nos do sentido de nosso desejo de ser ou de nosso esforço para existir"[68] . Ou seja, descobrimos e assumimos explicitamente o desejo como fonte de nossa própria existência e fazemos valer a existência fazendo valer o desejo.

A existência, porém, de que se pode falar em uma filosofia hermenêutica, como a de Ricœur, "permanece sempre uma existência interpretada" (*CI.*: 24), pois o próprio desejo não chega à consciência de um modo direto, vem mediante uma linguagem carregada de ambíguos sentidos; ele nos chega por uma linguagem simbólica. Quer dizer, sua vinda é, ao mesmo tempo, irrupção de sentidos e demanda de interpretação. Assim, ética e leitura estão dessa forma em íntima relação, e a finalidade de suas interações é a de *produzir* uma nova subjetividade, de modo que o sujeito daí decorrente deve reconhecer, ao fim – provisório – de sua formação, que era desde o início *sujeito prático*, já que sua auto-formação deve ser o resultado de um projeto de vida na base, sim, de um desejo (ou de vários), mas também de uma sua tomada de decisão[69], que envolve sem dúvida liberdade e, segundo uma tradição que

---

[68] Cf. RICOEUR, P. *O conflito das interpretações*. Rio de Janeiro: Imago, 1978, p. 22. (Citado CI)

[69] Sobre a decisão e a auto-imputação do sujeito, cf. RICOEUR, P. *Volontaire et l'involontaire*. Paris: Aubier, 1950, pp. 37 e 54. (Citado VI) Sobre a inscrição desse livro na tradição kantiana, cf. HENRIQUES, F. "A significação 'crítica' de Le volontaire et l'involontaire", em: REVISTA PORTUGUESA DE FILOSOFIA, Braga, jan-fev, tomo XLVI, 1990, fasc. 1.

remonta a Kant, 'prático' é mesmo tudo o que se relaciona com a liberdade[70].

O leitor atento deve já ter notado no que acaba de ser dito certa relação – sub-reptícia, quase –, entre uma tradição espinosana e outra tradição kantiana. Não é o objetivo deste trabalho explicitar esta relação, mas o estudo da 'imputação pré-reflexiva do eu', esboçado no *Le volontaire et l'involontaire*, acompanhado de algumas breves considerações sobre *Crime e castigo*, de Dostoiévski[71], pode nos esclarecer sobre esta problemática, a de que o cogito, pensado no eixo do desejo, seja por essência[72] auto-imputável: sujeito ético. É, a propósito, a partir de Fichte[73] que esta

---

[70] A definição kantiana encontra-se em vários pontos de sua obra. A mais esclarecedora está na primeira das Duas introduções à *Crítica do Juízo* (São Paulo: Iluminuras, 1995), p. 35. Cf. TERRA, R. R. A política tensa. São Paulo: Iluminuras, 1995, pp. 15-25.

[71] Sobre o lugar de Dostoiévski na tradição kantiana cf. FRANK, J. *Dostoiévski*. A semente da revolta. São Paulo: Edusp, 1999, p. 90. Joseph Frank, falando do background cultural do autor de *Crime e castigo*, registrou, com efeito, o fato de essa influência kantiana vir desde a sua juventude, quando as leituras das cartas de Karamazin lhe deixou marcada na alma duas idéias da filosofia prática kantiana: "Dostoiévski então primeiramente entrou em contato com estas duas idéias - a de que a consciência moral é parte inarredável da natureza humana, e a de que a imortalidade é condição necessária de qualquer ordenação de mundo que reclame um sentido moral - quando de sua leitura de juventude de Karamazin; o que se acrescentou subseqüentemente foi sobre esta fundação" (cf. FRANK, 1977, p. 56s.). Recorde-se, ainda, que, quando na prisão da Sibéria, um dos seus livros de cabeceira era a *Crítica da razão pura* de Kant.

[72] Essência no sentido fenomenológico do termo, i. é, *eidos*, o objeto remanescente da redução transcendental e o único a poder ser estritamente conhecido. Cf. HUSSERL, E. *Idée I*. Paris: Gallimard, 1950, pp. 4, 13ss.

[73] Cf. FICHTE, J. C. *A doutrina-da-ciência* de 1794. São Paulo: Abril, 1980. Cf. TORRES FILHO, R. R. *O espírito e a letra*. Crítica da imaginação pura em Fichte. São Paulo: Ática, 1975.

concepção transforma-se numa afirmação radical. Segundo Ricœur, Kant é certeiro ao dizer que "uma apercepção do ego pode acompanhar todas as minhas representações, mas essa apercepção não é conhecimento de si mesmo, ela não pode ser transformada numa intuição que verse sobre uma alma substancial". Contudo, uma limitação de base cerca a filosofia crítica: "a reflexão é reduzida a uma única dimensão: as únicas operações canônicas do pensamento são aquelas que fundam a 'objetividade' de nossas representações", de maneira que "a despeito das aparências, a filosofia prática está subordinada à filosofia teórica" (*CI*, 276). Com Fichte, todavia, o eu é definido já como ação, ele é *Tathandlung*, estado-de-ação*: por isso, a reflexão sobre o eu, embora não a despeito de ser uma epistemologia fundamental, como a chama Torres Filho, é uma empreitada ética: "Com Fichte e seu sucessor francês Jean Nabert", Ricoeur afirma que "a reflexão é menos uma justificação da ciência e do dever, do que a reapropriação de nosso esforço para existir[74]" (*id., ibid.*: 276). A posição do eu como ação não só é condição de possibilidade da reflexão teórica como também de a reflexão vir a ser concreta, compreendendo-se por 'reflexão concreta' esse esforço de pensar que é também desejo de permanecer na existência.

A descrição fenomenológica deve deter-se nesse ponto e nele descobrir o ato primeiro como responsabilidade. Num nível pré-reflexivo, é preciso que o eu seja entendido

---

* Ou "atividade produtiva", segundo a tradução caseira de Juan Adolfo Bonaccine.

[74] Numa resenha sobre o *Essai sur le mal*, de Jean Nabert, Ricœur assinala: "Consciência moral e conhecimento intelectual são, em última instância, animados por uma Afirmação originária que preside a operação de consciência dos sujeitos que pensam e que querem, oferecendo a cada ser o que é e produz seus atos, e fundando sua reciprocidade em uma unidade originária" (cf. RICOEUR, P. *Leituras* 2. São Paulo: Loyola, 1996, p. 184). (Citado *L2*).

como uma tomada de posição sobre si (face ao que deseja, representa ou projeta) para que toda reflexão posterior não só seja possível como venha a ter sentido. O leitor de *Crime e castigo* lembrará, com efeito, que de vez em quando o narrador se utiliza do futuro do pretérito para designar uma reflexão *a posteriori* feita por Raskólnikov: mais tarde ele *meditaria* sobre isso, diz. Indica-se, com isso, que o personagem não se dava conta do que estava fazendo mas o fazia desde já numa situação que, posteriormente, lhe daria condição de refletir a respeito.

A posição do eu é, assim, o ato pelo qual a reflexão *pode* começar. O essencial disso é: ela é um *ato*. "Deve haver aí uma referência a si que não é ainda um olhar sobre si, uma certa maneira de se reportar ou de se comportar com relação a si, uma maneira não especulativa, ou melhor não espetacular: uma implicação de si-mesmo rigorosamente contemporânea do ato mesmo da decisão e que é de algum modo um ato a respeito de si" (*VI*, 57). O que sustenta a possibilidade da reflexão – o querer pronto para o juízo de responsabilidade – é o eu ser posto em relação a si de um modo não especulativo, mas como um modo de comportamento, uma relação de si consigo mesmo, como um ato de decisão que tem a mesma idade de um certo reconhecimento de si como aquele que se move e, ao fazê-lo, o faz porquanto já se decidiu e se responsabilizou. Talvez seja por isso que Dostoiévski se esmere em apresentar seu protagonista em estado de confusão mental: como a dizer, não importa o grau de inteligência do indivíduo; de um modo ou de outro, tendo uma vez projetando realizar uma tarefa, seu ser inteiro encontra-se aí envolvido. E se não obstante a confusão mental trata-se, como é o caso, de alguém inteligente, tanto pior para ele: *agirá* da mesma forma.

O despertar para esse acontecimento – ser agente é já se responsabilizar – ensina que o sujeito põe-se como desejante no quadro de um projeto *seu*: pôr-se é já querer alguma coisa e projetar-se como desejante. "Eu me afirmo em meus atos". Todos os ensaios do crime contornavam a figura de Raskólnikov: era um assassino. A auto-determinação como ação pré-reflexiva toma o sentido de uma responsabilidade originária: "esta ação sou eu" antes mesmo de empreendê-la e sob todos os aspectos. Posso me acusar porque sei que ao agir sou eu quem na ação está implicado.

Como isso é possível? Isso é possível porque, ao me projetar, designo uma ação *própria*. "O eu figura no projeto como este que fará e que pode fazer". A miséria do rapaz dostoiévskiano, sua impaciência por sentir-se indigno[75] de ser filho, irmão, amigo não estaria nesse reconhecimento de que na ação a ser efetuada seria ele o que se realizaria? "Antes de toda reflexão sobre o eu que projeta, o eu se 'coloca' a si próprio 'em causa', ele se insere no desígnio da ação a ser feita; no sentido próprio, ele se *engaja*" (*id., ibid.*: 57). O sujeito se identifica na ação que lhe realiza o projeto próprio e se reconhece em sua concretização como reconheceria seu nome numa assinatura. "Assim me projetando, eu me objetivo de um certo modo, como me objetivo em uma assinatura que poderia reconhecer, identificar como minha, como signo de mim mesmo" (*id., ibid.*: 57s). A velha Alena Ivanovna se tornava mais odiosa quanto mais seu assassinato se transformava em matéria do próprio assassino: ele era ela, ou melhor, sua morte era signo do reconhecimento de si como alguém não-inocente. O crime de Raskólnikov, e ele sabia disso, apenas se consumou com os golpes fatais de machado. Desde o início ele já era, na elaboração de seu projeto, culpável. Realizá-lo, portanto, era manter-se fiel a si mesmo. Quando estivesse

---

[75] Dominique Arban, em sua "Introduction" da edição francesa de *Crime e castigo* (Paris: Gallimard, 1950, p. 6) tenta aproximar Raskólnikov de um personagem de Puchkin, Alenko, e cita essa anotação do Autor: "Alenko matou. Toma consciência de que ele não é digno do ideal que atormenta sua alma. Aí está o crime e o castigo".

na Sibéria, utilizando as horas de trabalho forçado como momentos de reflexão *saberia* disso com maior clareza.

Isso para mostrar que "a referência prática a si mesma é a própria raiz da reflexão" (*id., ibid.*: 59), não podendo esta última ser tomada como uma volta do sujeito a si, como se primeiramente de fora viesse para dentro e, nesse movimento, sustasse a intencionalidade da consciência, que a faz centrífuga, e, detendo-a, a colocasse em relação consigo mesma. Não há dupla consciência[76]; e a relação de si consigo mesmo não é de confronto gnosiológico, mas, repetimos, de ação[77]. Com efeito, "todo ato comporta a consciência surda de seu polo-sujeito, de seu foco de emissão" (*VI*, 58): não se pode exilar o sujeito de seu atos; neles uma junção originária anterior a toda dissociação reflexiva se sedimenta, de forma que "uma identificação primordial resiste à tentação de exilar o eu à margem de seus atos: a identificação do eu projetante e do eu projetado" (*id., ibid.*: 58). Se a ação que Raskólnikov realiza é ele mesmo a se realizar,

---

[76] O que, no caso de Raskólnikov, torna mais dilacerante a sua situação, pois como nota Arban, "Raskol, em russo, significa cisma, palavra sinônima de separação; ela tem, na Rússia, um conteúdo histórico considerável. Raskol, nome comum, tornou-se nome próprio quando, no século XVII, uma minoria de velhos-crentes se separram da Igreja oficial, recusando adotar uma liturgia nova, se separam da massa que reuniu os termos de um ritual doravante estabelecido. Pouco a pouco a palavra raskolnik -o homem separado - torna-se, no uso da língua, um termo significando 'rebelde', 'insurreto'" (ARBAN, 1950: 7). Se não há dupla consciência e ele se encontra, de acordo com seu nome mas talvez também de acordo com seu destino, separado de si, decerto a revolta aí não é algo completamente surpreendente.

[77] "Mas a passagem do plano prático — ou *práxis* — ao plano ético é tão fácil de entrever quanto a passagem do plano lingüístico ao plano ético no caso da promessa" (L2, 175): ao *dizer* que prometo, já agi: já prometi; ao mostrar-me como ativo, já me responsabilizo, já me represento como livre e devo saber que a liberdade me introduz no campo ético.

com isso ele também não se duplica; "eu me afirmo sujeito no objeto de meu querer": ele é o que faz e no que faz. "Esta dialética difícil pode ser esclarecida de outra maneira: a presença do sujeito a seus atos não é ainda um conteúdo de reflexão no que ela permanece uma presença de sujeito. A reflexão desenvolvida tende a fazer dele um objeto de juízo: o sentimento de responsabilidade orienta esta objetivação, até certo ponto inevitável, no sentido desta objetivação específica do projeto. Eu me encontro a mim mesmo nos meus projetos, projeto a mim mesmo por mim mesmo" (*id., ibid.*: 58). Ou seja, não havendo duplicação do sujeito, o que há é uma identidade conquistada na efetivação de atos que são a realização de projetos *próprios*.

A identidade pessoal aí engendrada se deixa perceber na origem dessa imputação pré-reflexiva. A consciência do próprio Raskólnikov como aquele que se projeta está na origem de sua identidade, "ela mesma pré-judicial, préjudicativa, de uma presença como sujeito *projetante* e de um eu *projetado*" (*id., ibid.*: 58), e na sedimentação da qual ele se encontra empenhado. Por isso suspeitamos de que realizar o crime era apenas fazer jus a si mesmo, no reconhecimento de si como uma criatura execrável[78], já que concebeu o tal projeto como concebera. "A reflexão toma desde então seu sentido como momento de uma dialética interior pela qual eu acentuo passo a passo o eu e o projeto, exaltando um pelo outro. A meditação da responsabilidade não é outra coisa" (*id., ibid.*: 59). Dostoiévski parece

---

[78] Execrável, bem entendido, segundo suas próprias hipóteses, quando dialoga consigo mesmo. (Sobre a polifonia do romance como diálogo consigo mesmo em Dostoiévski, cf. BAKHTIN, M. *Problemas da poética de Dostoiévski*. Rio de Janeiro: Forense, 1977). Com efeito, não é assim que os vêm os outros personagens, nem nós leitores, já que o mesmo homem que matou uma velha indefesa foi o que guarneceu com ternura uma família em farrapos.

ter levado esse princípio às últimas conseqüências ao fazer seu protagonista comprometer-se consigo mesmo de um modo inexorável. Se ele não quisesse jamais ser assassino, que jamais pensasse como pensou; mas uma vez concebido o projeto: sua liberdade o prendeu aos seus desígnios. Antes de toda a cólera e todo o ódio possíveis, antes de todo assalto súbito de uma emoção, mas também antes de toda reflexão sobre si mesmo, Raskólnikov se encontra de tal forma unido a si e às suas aspirações que, nessa identidade de si consigo mesmo e de si com seus projetos, percebe-se como alguém desde sempre livre, isto é, responsável por si mesmo nas figurações de seus planos.

Não se deve, por isso, "raciocinar unicamente sobre os atos onde a consciência está dissipada e alienada, como a cólera e em geral as paixões[79]; no momento em que elas se lançam de novo na emoção, eu estou fora de mim, não só no sentido em que me volto em relação a outra coisa, mas além disso no sentido de que estou despossuído de mim mesmo, a presa de... A consciência de si é o momento decisivo de uma retomada sobre si, ela seduz um suprassumo de liberdade: numa breve e súbita revelação, a alienação é suspensa": fui eu que agi assim, sou o culpado, o responsável, mereço carregar o peso de meus atos.

Certamente não foi pelo dinheiro que Raskólnikov assassinou a velha Alena[80], foi antes, como dissemos, para ser coerente consigo mesmo, na convicção de que aquilo que concebera era já todo o seu ser e não fazê-lo era negar-se ao mesmo tempo que se embrenharia no lodaçal da hipocrisia. Entregar-se à polícia, nessas circunstâncias,

---

[79] Cf. LEBRUN, G. "O conceito de paixão", em: NOVAES, A. (Org.) *Os sentidos da paixão*. São Paulo: Companhia das Letras, 1989.
[80] Como supôs, dentre muitos, G. Z. Ielissiév. Cf. SCHAIDERMANN, B. *Turbilhão e semente*. Ensaios sobre Dostoiévski e Bakhtin. São Paulo: Duas Cidades, 1983, p. 33.

nada tinha de extraordinário: tornando público seu ato, Raskólnikov não só se imputava como indivíduo, mas também revelava uma possibilidade a mais, disponível a uma humanidade inteira organizada de modo a deixar um homem na situação precária e miserável em que ficara: a possibilidade do crime ignominioso[81].

---

[81] Tornando público seu ato Raskólnivov imputava também a sociedade de que era filho, "pois a história deste jovem não é a de um crime — mas do remorso vivido" (ARBAN, 1950: 11). Ler o romance é transformar-se cúmplice e solidário de seu crime, é saber-se também responsável.

Angústia da concisão*

Ao Anderson

"A poesia de Rubens entronca no momento mais alto da poesia brasileira"

Bento Prado Jr.[82]

Em *A poesia está morta mas juro que não fui eu*, de José Paulo Paes, podemos ler a seguinte "Poética":

Prolixo. Pro-lixo.
Conciso. Com siso.

Não deveríamos acreditar que a idéia enunciada neste pequeno (e certeiro) poema seja somente a manifestação de uma predileção pessoal pela "economia de meios" no fabrico de poemas; existe um conhecido termo político – 'patrulha ideológica' – que, se usado como categoria estética, marcaria bem o significado dessa exigência de concisão: ela

---

* Publicado originalmente em: RODAPÉ. Crítica de Literatura Brasileira Contemporânea, São Paulo, Nanquin Editorial, 2001.
[82] Cf. PRADO JR., B. *Entre o humor e a ironia*. Em: JORNAL DE RESENHAS. Discurso Editorial/USP/ Unesp/FOLHA DE SÃO PAULO, 10 de janeiro de 1998, p. 3.

seria a "patrulha poética" da modernidade. O poeta que a ela não resistisse e soubesse fazer o seu "dever de rua" se sentiria em casa com uma certa tradição literária, que vem dos românticos alemães, de Poe e Baudelaire, cujo teor revela certo vínculo entre lírica e sociedade, vínculo no qual a intelectualização do poema decorrente do processo de concisão é a contrapartida literária de um processo social, no qual o poeta perde sua função de arauto, de vate, num momento histórico de dissolução da vida comunitária[83] e disseminação das sociedades industrializadas[84]. Jogado e perdido no meio do anonimato das massas, o poeta já não tem mais nada a dizer, ou já não tem quem o escute. Daí esse fechamento do poema numa economia da fala, que é ao mesmo tempo excesso de reflexão[85].

Ora, o objetivo de nossa pesquisa é justamente problematizar, na poesia de Rubens Rodrigues Torres Filho[86], essa adesão a uma "poética da construção" pura e

---

[83] Sobre o poeta como vate ou arauto, cf. HUIZINGA, J. *Homo ludens*. São Paulo: Perspectiva, 1971; sobre a situação do poeta na dissolução da vida comunitária, cf. BENJAMNIN, W. *Charles Baudelaire, um lírico no auge do capitalismo*. São Paulo: Iluminuras, 1994.

[84] No Brasil, esse fenômeno responde tanto a esse estado de coisas de ordem sociológica (claro, feitas as devidas ressalvas quanto às diferenças entre seu processo de industrialização – sem dúvida tardio – e o processo europeu ou americano), quanto a um estado de coisas de ordem cultural: tornar-se conciso era investir contra certa prática discursiva afeita aos arroubos retóricos, que substituía o trato consciente da linguagem pela expressão fácil de sentimentos grandiloqüentes (cf. COSTA LIMA, L. *Lira e anti-lira*. Rio de Janeiro: Topbooks, 1995, p. 38).

[85] A respeito dessa reclusão do dizer na poesia moderna, cf. BOSI, A. *O ser e o tempo da poesia*. São Paulo: Cultrix, 1985.

[86] Cf. TORRES FILHO, R.R. *Novolume*. São Paulo: Iluminuras, 1997. Reúne sua obra poética composta, dentre inéditos, avulsos, novos poemas e traduções, dos seguintes livros: *Retrovar* (1993); *Poros* (1989); *A letra descalça* (1985); *O vôo circunflexo* (1981) e *Investigação do olhar* (1963).

simples[87], pois julgo ver nessa poesia muito mais do que uma rasa conformidade, porém uma luta interna a tentar superar essa "poética" a Paulo Paes, luta que afinal faz justiça à sua originalidade e vigor face a acerbas outras tentativas só aparentemente vigorosas.

Ao que parece, a poesia de Torres Filho busca equacionar as exigências canônicas de concisão com uma tentativa de alargar o campo da experiência poética, onde seja possível, numa realização futura, *dizer-mais*:

> "Marcar assim
> o digno papel, maculá-lo
> com a letra incruenta – eu diria.
> Estar aqui propriamente e nisto
> alagar o visto. Largueza
> de perspectivas amplas. Ocioso exercício
> de exercitar exércitos de moscas
> e às vezes acertar nas mesmas, que dão branco,
> etiquetas porém senão letras:
> ilatência e sem-razão."

É notável como o poema é mais um *desideratum*, o anúncio de um desejo, do que propriamente uma realização; o uso no infinitivo de alguns verbos parece funcionar como um lembrete, um aceno para o que deverá ser feito, embora ainda não o tenha sido: marcar e macular o papel digno; estar aqui propriamente e alagar o visto. Este poema – "por escrito" é seu título – está num livro de 1989, *Poros*, onde a reflexão crítica sobre a poesia apresenta-se de um modo mais acurado que em qualquer outro livro do poeta.

Neste poema não se pode dizer que há uma poesia suja, visceral, abarrotada por uma vivência singular que nos

---

[87] Talvez no modo como trabalhou João Batista B. de Brito no texto "(Não)calculando imagens", em: BARBOSA FILHO, H. *O exílio dos dias*. João Pessoa: Idéia, 1994.

instigaria e nos envolveria, como acontece por vezes em Baudelaire ou Ferreira Gullar, por exemplo. Na verdade, a mácula e a marca no digno papel são ainda uma promessa. Para que fossem mais que isso, seria necessária a presença viva do poeta. Daí seu voto: "Estar aqui propriamente". E é um voto necessário se ele quer "alagar o visto", isto é, sobrecarregar o campo do fenômeno, o visto ou o que é visível, a experiência. Como de fato não é assim, como nem ele está "aqui" de corpo vivo, nem o papel encontra-se efetivamente maculado "com letra incruenta", o "ocioso exercício de exercitar exércitos de moscas" ou, se podemos arriscar uma perífrase, a tarefa de manipular as coisas miúdas (o trabalho poético de concisão, talvez?), só raramente tem êxito, só as vezes "acerta na mosca", como se costuma dizer.

Outro sinal de que o poeta não está empenhado, mas apenas em preparação, em vias de se empenhar, é a frase, cortada do verso por um travessão: "– eu diria". Ele não diz. O uso da letra incruenta é só um projeto, algo que um dia se realizará. O "diria" registra, ainda, o afastamento do poeta, que certamente indica sua posição irônica face à possibilidade dessa poesia maculada. Mas como não é aí que podemos ver trabalhar de maneira mais eficaz sua ironia, resta dizer que o poema é um esquema – por escrito – de uma poesia com "largueza de perspectivas amplas", embora apenas a título de esboço.

Em todo o caso, desconfiamos de que a disposição da poesia reunida em *Novolume* enfrenta esse projeto, deixa de lado as hesitações do percurso anterior e, na invertida de suas datas, que exige uma nova leitura, que lança, como alguém já disse, um novo lume sobre a totalidade da obra, termina por realizá-lo. Sem contudo nos precipitarmos na exploração dessa suspeita, coisa que faremos no desenrolar da pesquisa, talvez possamos pelo menos insistir no fato de que, mesmo quando se esmera no poema com siso, um certo desconforto ronda essa poesia, desconforto a que gostaríamos de chamar de "angústia da concisão".

Os poemas "figura", "sem jeito", "estrofe", "ensaio", "capítulo" e "seja breve", do mesmo livro *Poros*, corroborariam com afinco o que tento dizer. A luta de Torres Filho para poder dizer mais apesar da concisão e graças a ela, de inserir a experiência pessoal sem perder as rédeas da linguagem, define-se numa oscilação que o "poema sem nome" registra firmemente:

> "Em nome do poema
> estar aqui e rir. Ser pequeno,
> andar aceso: por qual vão
> se consumir?
> Prezado rio das coisas,
> qual dos dois: fluir, florir?
> Qual dos muitos, multi-acuado,
> labirintos de se abrir?
> Essa mão, lá longe, acena
> um dos dois: cena ou sinal.
> É depois, agora ou nunca,
> que se lê algum bem mal.
> Em nome do pobre poema
> meu nome perde o bocal
> e eu vou por dentro. Se caio
> é sem sair do lugar.
> Nem sei se o banal espreita
> com malícia, devagar.
> O nome deste poema
> está em primeiro lugar"

Esse poema se constrói sob uma advertência, a epígrafe de Pedro Morato: "Vê que teu verso não ande aceso/onde anda a noite", aliás muito sugestiva. Pelo contraste entre a clareza ("aceso") e a escuridão ("a noite"), sugere-se que o verso, passível de ser claro, se acautele nos lugares freqüentados pela escuridão. Se tomamos estas palavras pelo que elas indicam de presença de luz e de seu contrário, e tomamos "luz" como indicadora de sentido do que abunda, ao passo que a escuridão seja a ausência ou escassez, a epígrafe então pediria que o poeta fosse avaro quando o tempo fosse, por assim dizer, de vacas magras. Daí o "multiacuado" a que se refere o poema; o acuado por todos os lados.

Mas não é só isso. O poema se inicia com o programa do cânone da modernidade: a concisão, para a qual devem trabalhar a ironia e o humor. A ironia: não é em nome do poeta que se fala, mas em nome do poema[88]. O humor: a presença do poeta é cobrada para produzir riso: "estar aqui e rir". Em seguida o verso se completa: "Ser pequeno". Todavia, o corte vérsico logo operado retoma o último hemistíquio do verso anterior para instaurar uma indagação que de imediato questiona a obrigação inscrita no sintagma "Ser pequeno". Isto é, lido como segundo hemistíquio do segundo verso o sintagma aparece como uma exigência, pois ele se contamina semanticamente com o verbo "estar" do primeiro hemistíquio, que sintaticamente completa o primeiro verso: "Estar aqui e rir. Ser Pequeno". Como se houvesse implícitas as seguintes exigências: é preciso estar aqui e rir; é preciso, em nome do poema, ser pequeno. Mas, lido em sua continuidade, o que temos sintaticamente é uma pergunta, que começa por ressaltar uma alternativa que registra a sobredita oscilação, até certo ponto irresolvida, na qual, acredito, se funda a poesia de Torres Filho: "Ser pequeno, andar aceso: por qual vão se consumir?" A oscilação entre "ser pequeno" e "andar aceso" marcaria ainda o que estamos chamando de "angústia da concisão", o patético

---

[88] Paul Varély, a propósito de seu *Cemitério Marinho*, diria: "Não quis dizer, quis fazer. E foi o desejo de fazer que quis o que eu disse". Cf. VALÉRY, P *Variedade*. São Paulo: Iluminuras, 1991.

da indagação assinalando o tom da angústia: Qual dos dois? Se fizermos eco à análise da epígrafe acima ensaiada, andar aceso aqui, com efeito, é abundar, de onde seu contrário alternativo é ser pequeno, isto é, operar a concisão.

A oscilação se apresenta mais definida na segunda interrogação que o poema expõe: fluir ou florir? Como podemos receber estes pólos? Nota-se em primeiro lugar que não há aparentemente nada de pejorativo em nenhum dos pólos. Tanto fluir quanto florir são fenômenos aprazíveis, isto é, positivos. Mas o que se esconde neles? Seria o fluir o deixar-se andar aceso, como diz a epígrafe, apesar da noite? Neste caso, de acordo com o modo como entendemos o "aceso", fluir seria o contrário de ser conciso, que é a exigência do fazer poético e, portanto, seu sentido se incluiria num campo semântico que se resolveria numa camada subterrânea de significação (numa isotopia) condizente muito mais com o viver e o existir. Mas, então, o que em "florir" autorizaria o emparelhamento semântico com o ser conciso, já que contrariamente florir é fazer crescer a flor ou multiplicá-la, também passível de abarcar uma significação existencial?

Ora, basta lembrar que já Hörderlin identificava a linguagem poética à flor de nossa boca: *die Blume des Mundes*. Para ele, de fato, a poesia é uma espécie de "flor" da linguagem: *Worte, wie Blumen*[89]. Se é verdade que parece haver nas paragens da modernidade uma certa retórica da concisão, que é, como chamamos no início de nosso projeto, aludindo ao termo político "patrulha ideológica", uma patrulha poética da modernidade, de acordo com a retórica da concisão fazer florir é dizer bonito com poucas palavras. É não ser prolixo.

Isto posto, temos que Torres Filho não faz o elogio puro e simples da concisão, mas também não a despreza:

---

[89] Cf. RICOEUR, P. "Métaphore et discours philosophique". Em: *La métaphore vive*. Paris: Seuil, 1997, p. 361.

ele a problematiza. Não a despreza uma vez que a descreve positivamente como um florir, onde é mais apreensível o sema da fecundidade. No entanto, ao aproximá-la, numa camada menos superficial de sentido, da alusão à flor da retórica, desvela o caráter normativo em que ela periga cair. Não é à toa, com efeito, que o poema se inicie com o tom (irônico, diga-se de passagem) de programa (quase político): "Em nome do poema", etc., etc. A hipótese do florir, ao que tudo indica, supõe a ausência do poeta ou de sua existência em nome do poema, isto é, a sua presença só é cabível com o fito preciso de simplesmente fazer rir. Daí o desdobramento da alternativa no verso "um dos dois: cena ou sinal", onde "sinal" remeteria para signo e, portanto, para o reino da linguagem, e "cena", para o "fazer cena", que fortalece a idéia de que a presença do poeta incidiria na possibilidade do humor (ou do *ridículo*?). Na hipótese da concisão, portanto, a presença do poeta só é admitida sob o regime do humor, regulado pela ironia, que supõe o poeta fora da máquina do poema, passível de funcionar apenas nesta medida. A hipótese do fluir, ao contrário, acena para uma queda do poeta:

> "Em nome do pobre poema
> meu nome perde o bocal.
> – e eu vou por dentro. Se caio"

O que reforçaria a hipótese do fluir como a alternativa existencial. Mas será que isso acontece? A expressão "Em nome do pobre poema" talvez nos autorize a cogitar em que sentido o poema é "pobre" e, se quer dizer que seja "coitado", temos um lance de comiseração, mas se quer dizer que seja um poema de "poucas posses", talvez o certo seja pensar "posses" como "pompas" e derivar, mais uma vez, da ausência de pompas, o sema da concisão. Assim, o nome do poeta, o que indica a sua pessoa e a sua existência, perde a possibilidade de acender-se, ou seja, de fluir, de expandir-se como a luz de uma lâmpada (veja-se "bocal"), como perde também a possibilidade de voz (e vez). O que não deixa de ser, na 'face visível da poesia' de Torres Filho, para retomarmos uma expressão do crítico Paulo Paes[90], uma vitória da poesia sobre o poeta. De fato, se acontece de ele cair, logo vai "por dentro", o que comprometeria a ironia, que supõe certo distanciamento[91], e assegura a literaridade[92] do poema. Por isso, há que se notar neste ponto a mesma construção verso-sintática explorada pelo poeta no início do poema. O segundo hemistíquio do décimo quinto verso forma, do ponto de vista sintático, uma frase com o décimo sexto, e temos: "Se caio é sem sair do lugar". O que significa que, se acontece do poeta cair (no poema, bem entendido), ele o faz mantendo-se fora, isto é, "sem sair do lugar", o que garante a possibilidade da ironia mas, também, permite-lhe permanecer, não obstante, sob a poética da concisão.

Isso, contudo, suporia, em última análise, certa resolução da oscilação em que se coloca o poeta para o lado do florir, isto é, para a dimensão do poético em detrimento do existencial. Mas, se houvesse efetivamente uma resolução neste sentido, o vigor da poesia de Torres Filho, para além de seu rigor, é o que imagino, se enfraqueceria. Por isso a indecisão reincide antes que o poema acabe:

> "Nem sei se o banal espreita
> com malícia, devagar"

---

[90] Para José Paulo Paes (O ESTADO DE S. PAULO, 1 de novembro de 1997), a "ironia governa" a poesia de nosso poeta. Ela é "o elo entre a face visível e a oculta" de sua lírica reunida.

[91] Cf. SUZUKI, M. "A ironia: dialética e diálogo", em: *O gênio romântico*. São Paulo: Iluminuras, 1998.

[92] Cf. EIKHEBAUM et alii. *Teoria da literatura: formalistas russos*. Porto Alegre: Globo, 1976.

O poeta não tem tanta certeza. Em todo caso, não podemos esperar ter acesso a toda a oscilação de que se constitui a poesia de Torres Filho em apenas um poema. O que o poeta sabe, por enquanto, é que "o nome deste poema/está em primeiro lugar". Ou seja, neste poema a vitória é de fato da poesia sobre o poeta, pois o nome deste poema é "poema sem nome", isto é, poema sem nome do poeta, ou seja, sem o que designa a sua pessoa e a sua existência. Assim, se ele está "em primeiro lugar", se ele é o privilegiado, o caso é que o poeta concederia retirar-se da cena do poema, retirar-se "em nome do poema".

Seria porém uma injustiça à totalidade dessa poesia encerrá-la em apenas um registro. Dissemos que a poesia de Torres Filho deve ser situada numa tensão entre a concisão da linguagem e a inserção da experiência pessoal no poema. Os poemas "lamento", "sem jeito", "dois pontos", "Em resposta a pergunta: se dói" não nos deixariam exagerar. É uma poesia, a este respeito, *precisamente* oscilante, se nos é permitido aqui o oxímoro. Mas não podemos fazer vistas grossas para essa dimensão do signo pelo signo que acompanha inarredavelmente a trajetória do nosso poeta. Alguns outros poemas, com efeito, fazem crer que o poeta está realmente menos interessado em registrar experiências que em compor simplesmente um poema. Veja-se, por exemplo, "medonho", também de *Poros*:

> "Por onde um poema medonho
> encontra o avesso e diz nada,
> lá onde o lívido sonho
> mantém a paz disparada,
>
> enquanto cala, solícito,
> o rugir da madrugada
> tramada por mil pavores
> de uma negra e negra fada,

> por tudo que cai levíssimo
> para o alto, machucado,
> e dói sem pedir licença
>
> cerzido de lado a lado,
> o poema só quer ser feito
> e não dar nenhum recado."

A contar com expressões como "um poema medonho (...) diz nada", "só quer ser feito e não dá nenhum recado" somos sem dúvida instigados a encaixar essa poesia numa "poética do oco", como muita gente já sugeriu[93], num mesmo passo em que vincava a presença viva da ironia como sua espinha dorsal. Mas, por isso mesmo, encerrá-la no registro do oco, como a *letra* dos poemas incentiva, não seria enfeitiçar-se com o nível sintagmático dos textos e fechar nossos olhos para aquilo mesmo que é o seu princípio, a ironia? Não seria tomar o poeta demasiado ao pé da letra e tornar-se vítima de suas imposturas? O poema "diz nada", certo, mas porque "encontra o avesso". Daí ele cair "levíssimo para o alto". Uma atenção ao paradigma do avesso na poesia de Torres Filho, ao mesmo tempo que reencontraria a função primordial da ironia, não descobriria mundos inconfessos, onde a dor machuca "sem pedir licença"?

Tentar fechar essa poesia numa única poética, a do oco, eqüivaleria a observar apenas sua face visível, para usarmos uma vez mais a expressão de Paulo Paes, para quem há ainda, na poesia do *Novolume*, uma face oculta que, no torvelinho da ironia, deve ser buscada.

Com efeito, ao ir publicando seus livros tudo levava a crer, a partir de uma ilusão evolucionista, que o poeta ia

---

[93] Cf. nosso "Apêndice", no qual apresentamos uma pequena resenha bibliográfica de quantos escreveram sobre a poesia de nosso Autor.

mais e mais se entregando à coerção do rigor poético da modernidade, à patrulha da concisão. Algo beirava o hermético nesse processo de 'amadurecimento'. Como se o poeta, num gesto similar àquele outro, o francês, aportasse na distante África, agora dentro do próprio poema, que renunciaria à sua própria e milenar profissão: revelar *um* mundo (não o mundo) e sua verdade, com toda desfaçatez possível. Todavia, ao reeditar seu livro numa ordem não-cronológica, ele passa um pito nessa ilusão evolucionista e, como Nietzsche, contra Kant, insinua que amadurecer é voltar à infância. Lido de frente para trás (do mais novo ao mais remoto poema), o poeta exibe uma série por assim dizer 'vinicular', na qual os poemas, como o vinho, ficam tanto melhores quanto mais antigos, além de introduzir, como fator indispensável de sua poética, a experiência viva do cotidiano.

Essa a face oculta, agora iluminada com o novo lume lançado pelo recente conjunto de obras. Da poética do oco, como viu a maioria esmagadora de seus intérpretes, à poesia propriamente dita, se pela dita entendemos aquele objeto de linguagem que tem como dom *natural* configurar uma experiência de vida e de mundo, revelar, na metáfora, uma verdade[94]. Uma experiência de leitura, feita a contrapelo da cronologia, deve sem dúvida revelar em *Retrovar* (1993), por exemplo, um poema que a propósito se chama "poesia pura"; em Poros (1989), "de interpretetione", mesmo sem deixar de endossar o timbre metalingüístico do livro nem por isso interdita a poética do cotidiano e da existência que estamos postulando. Já em A letra descalça (1985) os exemplos dessa poética, como era de se esperar, uma vez que vamos recuando no tempo, são ainda mais abundantes; "brio",

---

[94] Sobre o conceito de 'verdade metafórica', cf. RICOEUR, P. "Métaphore et réference". Em: *La metaphore vive*. Paris: Seuil, 1997, p. 310.

porém, é um exemplo eloqüente. De *O Vôo circunflexo* o soneto "existencialismo" é ainda um belo e agradável reforço à nossa tese. De *Investigação do olhar* (1963), livro ainda mais rico em 'provas', destacaríamos "canto silencioso". E entre os avulso e inéditos, a "história de um poeta apaixonado", o mais antigo, de 1959, seria, se não exageramos, a obra-prima da poesia de Torres Filho[95].

---

[95] Era uma vez um poeta
muito fraco e muito triste
mas difícil de atingir

Vai um dia sem querer
– um poeta é quase um homem –
sentiu uma coisa nova

Que coisa nova tão nova!
É isso que chamam de amor?
Que coisa nova uma ova?

Bravo poeta! Ingênuo poeta!

Todo-mundo já sentiu
Todo-mundo já cantou
E ainda assim ela está nova (...)

Filosofia e realidade em Schiller *

*"Oh minha alma,
não aspira à imortalidade,
esgota o campo do possível."*

Píndaro

Jürgen Habermas, em seu livro *O discurso filosófico da modernidade*[96], comenta as cartas sobre *A educação estética do homem*, de Friedrich Schiller (1754-1805), interpretando-as como o "primeiro escrito programático para uma crítica estética da modernidade" (cf. Habermas, 1990: 51). Neste texto, ele chama a atenção para o caráter utópico-revolucionário da proposta do pensamento de Schiller: harmonizar os dois pólos nascidos da cisão provocada pela filosofia crítica, razão e sensibilidade. Segundo Habermas, o pensamento schilleriano teria o mérito de ter buscado a unidade desse par através do postulado de uma relação de reciprocidade capaz de forjar

---

* Publicado originalmente em: SOMA. Revista Eletrônica Multidisciplinar, Foz do Iguaçu, 2002.
[96] Cf. HABERMAS, J. *O discurso filosófico da modernidade*. Lisboa: Dom Quixote, 1990.

uma harmonia entre seus elementos, levando a cabo "a análise da modernidade bipartida nos conceitos da filosofia kantiana" e esboçando "uma utopia que atribui à arte um papel francamente social-revolucionário". Neste sentido, afirma ele: "no lugar da religião deve ser a arte que pode ser ativa enquanto poder unificador, porque é entendida 'como forma de transição' que intervém nas relações intersubjetivas do homem" (*id., ibid.*: 51). A totalidade antevista na arte, ou na beleza como seu elemento específico, cumpriria a mediação entre sensibilidade e razão.

O problema da cisão entre sensibilidade (cujo âmbito se configura em relação com a natureza) e razão (cujo princípio é a liberdade) é colocado por Kant ao longo de sua primeira *Crítica*[97] e apresentada de forma contundente na terceira antinomia, onde encontramos em embate cerrado os dois princípios antagônicos: natureza e liberdade. O termo liberdade é utilizado ali no sentido cosmológico e, neste sentido, a liberdade é "a faculdade de iniciar espontaneamente um estado cuja causalidade não está por sua vez, como requer a lei da natureza, sob outra causa que a determine quanto ao tempo" (cf. Kant, 1989: B 560). A lei da natureza, ao contrário, afirma que tudo quanto acontece no tempo possui também sua causa no tempo, de modo que a causalidade daquela causa é determinada também pelo tempo, não podendo existir assim nada livre de determinação temporal. A problemática consiste, todavia, em saber se é ou não possível uma causalidade livre sem que se contradiga a lei natural. A resposta é que a razão cria "para si mesma a capacidade de iniciar uma ação sem que seja necessário antepor-lhe outra causa" (*id., ibid.*: B 560). Com esta resposta, Kant introduz em seu sistema a noção de vontade como fundamento da ação humana. É portanto no homem que a questão deve

---

[97] KANT, I. *Crítica da razão pura*. Lisboa: Calouste Gulbenkian, 1989. (A, primeira edição, B, segunda).

resolver-se. Com efeito, o homem pertence de uma só vez tanto ao mundo da razão quanto ao da natureza, ele é tanto sensível quanto racional. Portanto, mediar razão e sensibilidade (ato que pode consistir em atribuir realidade ao que é simplesmente forma e formalidade ao que é apenas matéria) é a tarefa ideal de todo homem em seu processo de educação.

Por tarefa ideal deve-se compreender o esforço de todo homem em realizar em toda sua completude aquilo a que ele se destina: satisfazer em si tanto as exigências da razão quanto as da sensibilidade. Seguindo Kant também nisto, Schiller afirma que apenas na espécie, e jamais nos indivíduos, essa tarefa será totalmente cumprida. O que significa que ela é, para usar agora uma terminologia de Fichte[98], uma *tarefa infinita*. Em todo o caso, porém, é pelos indivíduos que ela deve começar e, para Schiller, é a beleza que deve orientá-los na consolidação desta sua destinação. (Daí a necessidade de uma educação estética, necessidade nascida do diagnóstico de uma época, a modernidade, segundo o qual esta se encontra dilacerada justamente pelo descompasso flagrante entre uma hipertrofia da razão em detrimento do cultivo da sensibilidade.) Mas, "se a arte deve poder cumprir a tarefa histórica de conciliar a modernidade em decadência", afirma ainda Habermas, "ela não pode apenas arrebatar os indivíduos, ela tem antes de transformar as formas de vida que os indivíduos compartilham" (cf. Habermas, 1990: 52).

Assim, a totalidade para a qual a beleza deve concorrer se define no campo da intersubjetividade configurada no princípio da comunicabilidade presente na noção schilleriana de *jogo*. Em outras palavras, o importante para Schiller é vencer as dicotomias da modernidade sem que nenhuma

---

[98] Cf. FICHTE, J. C. *Doutrina-da-ciência de 1794*. São Paulo: Abril, 1980. Cf., também, TORRES FILHO, R.R. *O espírito e a letra*. São Paulo: Ática, 1974.

das partes em tensão seja subtraída ou negligenciada. Como diz precisamente Márcio Suzuki, "permanecerá uma tarefa inútil a de querer elevar moralmente – isto é, racionalmente – o homem sem, ao mesmo tempo, cultivar sua sensibilidade"[99]. A arte bela deve desempenhar papel mediador na realização dessa relação recíproca necessária, pois a beleza é uma espécie de *sensus communis*.

Com efeito, já em Kant o belo é o objeto de um juízo de gosto e, para ele, "o gosto com maior direito que o são entendimento pode ser chamado de *sensus communis*"[100]. Dito de outra forma, os homens só adquirem o sentido do gosto apenas quando se encontram em comunidade com os outros. Assim, quando, para mostrar aos outros que temos gosto, dizemos que algo é belo, reivindicamos a cumplicidade desses outros para com este mesmo juízo. Deste modo, continua Kant, "em todos os juízos pelos quais declaramos algo belo não permitimos a ninguém ser de outra opinião" e, para tanto, sequer fundamos nosso juízo sobre conceito, senão sobre nosso sentimento, "o qual colocamos a fundamento, embora não como sentimento privado, mas como sentimento comunitário" (*id., ibid.*: 85). O Juízo estético é o responsável por esta *comunidade*. Mas, o que em Kant se chama Juízo estético, em Schiller se designa 'impulso lúdico'.

O impulso lúdico, entretanto, não se funda numa pressuposição transcendental subjetiva mas numa razão prática e assume a tarefa de resgatar, objetivamente, a harmonia do homem consigo mesmo. A objetividade desta tarefa, se tentamos defini-la, deve estar em que ela procura realizar-se não só no nível filosófico como também historicamente. Lembra-nos ainda Habermas que Schiller insistiu

---

[99] Cf. SCHILLER, F. *Educação estética do homem*. São Paulo: Iluminuras,1990: 16.

[100] Cf. KANT, I. *Crítica da faculdade do juízo*. Rio: Forense, 1990: 142

sempre "no significado restringente do Juízo estético para fazer deste, de fato, um uso histórico-filosófico". Por isso, continuaria Habermas, "ele misturou tacitamente o conceito kantiano de Juízo estético com o tradicional que (...) nunca perdeu inteiramente a ligação com a concepção política de senso comum. Assim ele podia entender a arte como forma de comunicação (Mitteilung) e atribuir-lhe a tarefa de inserir 'a harmonia na sociedade'" (cf. Habermas, 1990: 54). O que não significa, nem para Habermas nem para Schiller, diluir a arte nas formas de vida.

De fato, não se trata de uma estetização não-mediada da vida. "Uma estetização do mundo da vida", continua Habermas, "é para Schiller legítima apenas no sentido de que a arte se apresenta de forma catalisadora, como uma forma de comunicação, como um médium em que os momentos divididos se *unem de novo numa totalidade* natural. O caráter social do belo e do gosto só é confirmado em virtude de a arte apreender tudo o que se bipartiu na modernidade (...) 'sob o céu aberto do *senso comum*'" (*id., ibid.*: 55). A *beleza*, assim, nasce do momento da reciprocidade entre os dois impulsos antagônicos (o sensível e o racional). Ela deve ser encontrada no equilíbrio mais perfeito entre realidade e forma. A *humanidade* do homem esgota sua definição na luta desses impulsos, sua inteira realização deve ser buscada em seu equilíbrio.

O objetivo deste trabalho é mostrar a linha de força kantiana do argumento de Schiller quanto ao problema da cisão característica da modernidade (entre razão e sensibilidade), assim como explicar sua originalidade ao propor uma solução para o problema. Ou seja, pretendemos fazer ver como o autor da *Educação estética do homem*, retomando as figuras de pensamento de Kant, desloca-as e, enfrentando seus mesmos problemas, logra propor uma solução original. Porque razão e sensibilidade estão cindidos, e isso nos concerne historicamente, não se vai esperar sua conciliação num longínquo e improvável Soberano Bem, mas seu cultivo balanceado, possível na experiência estética, que é jogo. Como, todavia, e ainda historicamente, não nos encontramos em boas condições de brincar, o momento preciso da relação recíproca entre os dois elementos da cisão não pode ser exposta sem problemas, e resvala para a especulação. Com efeito, se Schiller tivesse feito diferente, facilmente ter-se-ia transformado em mais um ideólogo da miséria alemã.

É que, ao que tudo indica, a especulação é o recolhimento da filosofia quando não consegue coincidir com a realidade presente.

O homem entre o tempo e a liberdade

A filosofia de Schiller parece mover-se na seguinte direção: avaliados os progressos da razão e detectada a falta de atenção ao cultivo da sensibilidade, a tarefa premente frente a isso é colocar sensibilidade e razão em relação recíproca e evitar toda e qualquer unilateralidade atrofiante de não importa qual dessas dimensões do homem. Com efeito, a avaliação de Schiller conclui-se pelo fato de que os homens de seu tempo se encontram em estado de verdadeiro esmorecimento e cruel perversão porque a formação da sensibilidade não se deu, se em algum momento houve, concomitantemente à efetiva proliferação dos produtos da racionalidade. Assim, numa forma e estilo que lembram Adorno e Horkheimer, que na *Dialética do iluminismo* (São Paulo: Nova Cultural, 1991) lembravam que "desde sempre o iluminismo, no sentido mais abrangente de um pensar que faz progresso, perseguiu o objetivo de livrar os homens do medo e de fazer deles senhores" e reclamavam que, apesar de tudo, "completamente iluminada, a terra resplandece sob o signo do infortúnio triunfal" (cf. Adorno & Horkheimer, 1991: 3), Schiller se pergunta: "de onde vêm, pois, esse domínio ainda tão geral dos preconceitos e esse obscurecimento das mentes, a despeito de toda luz que a filosofia e a experiência acenderam?" E logo em seguida: "nossa época é ilustrada, isto é, descobriram-se e tornaram-se públicos conhecimentos que seriam suficientes, pelo menos, para a correção de nossos princípios práticos. O espírito de livre investigação destruiu os conceitos ilusórios que por muito tempo vedaram o acesso à verdade, e minou o solo sobre o qual a mentira e o fanatismo ergueram seu trono. A razão purificou-se das ilusões dos sentidos e dos sofismas enganosos, e a própria filosofia, que a princípio fizera-nos rebelar contra a natureza, chama-nos para o seu seio com voz forte e urgente"; para adiante mais uma vez perguntar: "onde reside, pois, a causa de ainda sermos tão bárbaros?" (cf. Schiller, 1990: 50).

Neste diagnóstico de sua época, que espantosamente continua sendo a época de Adorno, Benjamin e Horkheimer (e também, sem dúvida, a nossa época), Schiller mostra que muitas e exuberantes foram as construções erigidas pela razão, mas em tudo quanto fez o próprio homem ficou de fora, nelas não se reconhecendo. Esse desequilíbrio, em que estão imersos seus contemporâneos, Schiller o atribui à hipertrofia da razão em detrimento da sensibilidade. Assim, para reatar o homem consigo mesmo e vencer os desencontros da modernidade, o que deve ser feito com mais urgência é promover a formação da sensibilidade. Esta formação, afirma ele, é "a necessidade mais premente da época, não apenas porque ela vem a ser um meio de tornar o conhecimento melhorado mais eficaz para a vida, mas também porque desperta a própria melhora do conhecimento" (*id., ibid.*: 51). Uma vez resgatada a sensibilidade para fazer parceria com a razão no caminho que conduz o homem ao seu ideal de humanidade, o que deve motivá-lo em sua vida é exatamente essa aproximação deste ideal, que consiste na plena realização da liberdade.

A realização da liberdade é, desta maneira, o processo pelo qual o homem se faz a si próprio, ultrapassando as determinações restritivas da natureza. Nas palavras de Schiller: "o que faz o homem é justamente não se bastar com o que dele a natureza fez, mas ser capaz de refazer regressivamente com a razão os passos que ela antecipou nele, de transformar a obra de privação em obra de sua livre escolha e de elevar a necessidade física à necessidade moral" (*id., ibid.*: 27). O homem deve romper as amarras do ser, da positividade, e situar-se no âmbito do dever-ser, da possibilidade.

No entanto, isto não se dá de uma maneira fácil e imediata. Em seu estado natural, o homem é *real* e, enquanto tal, vive no tempo. Contrariamente a isso, considerado sob o viés da liberdade, ele é simplesmente *problemático*, isto é, possível apenas na idéia. Daí a questão nodal, já anunciada antes: como fazer presente no mundo dos fenômenos (este que pressupõe um espaço e um tempo, formas da sensibilidade) algo que é próprio da razão (esta que prescinde de quaisquer espaço e tempo e, enquanto domina o dever-ser, é por isso mesmo eterna)? Esta questão é a mais crucial de todas porque, como sabemos, só é possível pensar em um projeto de realização do homem se, e somente se, razão e também sensibilidade encontrarem juntas um meio termo que as harmonize e permita uma intercomunicação entre elas.

Todavia, para compreendermos melhor esta problemática, é necessário desenvolvermos mais a distinção entre o sensível e o racional. No vocabulário de Schiller, estes termos ganham novas roupagens. À razão, Schiller chama '*pessoa*', a unidade imaterial e imperecível; à sensibilidade, chama '*estado*', o que conhece mudança e, por isso mesmo, está sempre situado em um espaço e um tempo, é material e perecível. Essa intransigência entre um e outro elemento leva Schiller a afirmar: "não se pode fundar o estado na pessoa nem a pessoa no estado" (*id., ibid.:* 61). E isto se dá justamente porque se a pessoa se funda no estado, afunda-se nele, dissolve-se, é a perda do Eu; se, inversamente, o estado se funda na pessoa, petrifica-se, imobiliza-se e perde toda e qualquer vivacidade.

Por não se fundar no estado, a pessoa tem que se fundar em si mesma e a si mesma; tem que ser o seu próprio fundamento. Ora, um ser que se funda a si mesmo não é nem pode ser relativo a coisa alguma, é auto-suficiente, autônomo; em outras palavras, é o próprio Absoluto: tudo quanto se possa entender pela palavra 'liberdade'. O fundamento da pessoa é, então, a liberdade. Assim, a pessoa é causa de si ou tem o poder de determinar uma causa a partir de si própria.

O estado, contrariamente, deve ser causado por outrem que não ele. Ora, como o estado se define como o conjunto das determinações que se modificam porque estão em constante devir, e como toda modificação e todo devir têm sua condição de possibilidade no tempo, o fundamento do estado não pode ser outro senão o próprio tempo.

Desta maneira, a cisão entre razão e sensibilidade, traduzida aqui nos termos 'pessoa' e 'estado', gera uma nova separação fundamental: por um lado, a liberdade, compreendida como algo extratemporal, metafísico, ou seja, sob o signo da eternidade; por outro, o tempo, conformado nos limites da natureza, da *physis*. Porém, acontece que o homem não é "meramente pessoa, mas pessoa que se encontra em um estado determinado" (*id., ibid.*: 64), e afirmar isto faz parte da tentativa schilleriana de reconciliar os extremos. Com efeito, se fosse somente pessoa o homem permaneceria apenas como infinita disposição; somente estado permaneceria uma coisa amorfa. Para encontrar a plenitude de seu ser é preciso que ambos os aspectos entrem em relação. A realidade do homem consiste em ele ser pessoa (que, enquanto perdurável, é disposta a determinações várias) e também ser estado (que, enquanto modificável, é o que pode determinar, dar conteúdo à pessoa).

Para expressar esta interdependência entre pessoa e estado, Schiller utilizou o seguinte trocadilho, definindo o homem assim: "na medida somente em que se modifica, ele **existe**; na medida somente em que permanece, **ele** existe" (*id., ibid.*: 74). E é neste sentido que se anuncia a proposta schilleriana de ao homem ser possível vir a se reconciliar consigo mesmo.

Schiller considera que a perfeição ou, nos seus termos, a divindade, em que deve consistir o ideal de humanidade, configura-se numa relação recíproca entre pessoa e estado, razão e sensibilidade. E esta reciprocidade é uma necessidade que a própria razão cria e para a qual fornece os meios de suprir. Neste sentido, ele afirma: "o homem traz irresistivelmente em sua pessoa a disposição para a divindade" (*id., ibid.*: 65). Contudo, a forma de realização desta disposição para a divindade é sempre aproximativa e jamais totalizável numa experiência possível. Quanto mais dela a humanidade se aproxima, tanto mais distante ela se apresenta.

A divindade é, dessa forma, o que tecnicamente chamamos de 'ideal'. Suzuki, a este respeito, lembra que o termo 'ideal' tem para Schiller dois sentidos: "é uma idéia inalcançável, uma tarefa imposta pela razão; mas é também um modelo, tal como os gregos representam um modelo (um ideal) para os artistas modernos" (cf. Suzuki, em: Schiller, 1990: 148). Para Schiller, porém, o ideal, enquanto tarefa da razão, e apesar disso, é assinalado nos sentidos. De fato, ainda que a sensibilidade não possa jamais se unir à razão (como adiante se verá mais claramente), a razão sem a sensibilidade é pura forma, do mesmo modo que esta sem aquela é inarredavelmente isolada e destituída de toda espontaneidade do espírito.

Agindo conforme apenas a sensibilidade, o homem pode ser chamado 'mundo', "se por este nome entendemos o mero conteúdo informe do tempo" (cf. Schiller, 1990: 65); neste sentido ele ainda não possui um mundo, o mundo não se lhe apresenta como algo outro dele mesmo, mundo e homem se assemelham e se unem num amálgama indistinto. A personalidade ou, se quisermos, a racionalidade deve ocupar-se de tomar o conteúdo dado pela sensibilidade e dar-lhe forma, tornando-o algo apropriado ao homem em sua humanidade. "Para não ser apenas mundo", diz Schiller, "é preciso que ele dê forma à matéria; para não ser apenas forma é preciso que dê realidade à disposição que traz em si" (*id., ibid.*: 65). A realização desse duplo movimento (que como veremos deve ser mediado por um terceiro termo, um termo médio) é em que consiste o modo pelo qual o homem se aproxima do ideal de divindade (o modelo), satisfazendo assim o ideal da humanidade (a tarefa da razão).

O ideal de perfeição, que consiste na realidade de todo o possível e na necessidade de todo o real, vai se realizando à medida em que uma e outra das tendências do homem vão exigindo realidade absoluta do que é apenas forma, a pessoa, e formalidade absoluta do que é apenas matéria, o estado. "Deve tornar mundo o que é mera forma e trazer ao fenômeno todas as suas disposições". Ou inversamente: "deve aniquilar em si mesmo tudo o que é apenas mundo e introduzir coerência em todas as suas modificações" (*id., ibid.*: 65). As tendências que nos lançam nesta enorme tarefa são convenientemente chamadas de 'impulsos'.

O primeiro impulso, conforme já anunciamos, é o impulso sensível; o segundo, impulso formal. Pelo impulso sensível o homem é mundo, vida, matéria, corpo. Pelo impulso formal, é forma, razão, liberdade, espírito. O primeiro se estende no homem na medida de sua finitude; é o que marca sua dimensão física e permite que sua realidade seja manifesta. O segundo se configura na região das infinitas possibilidades, através dele o homem é todo disposição, abertura, busca.

O maior problema surge contudo exatamente quando, ao mesmo tempo em que o impulso sensível se dirige à tarefa (de imensa urgência para a consolidação da humanidade do indivíduo) consistente em manifestar a mundanidade do homem (mostrando que o homem de que se fala não é apenas uma idéia), é o mesmo impulso sensível o que impede a absoluta perfeição desta mesma humanidade, pois ele ao mesmo tempo exige expansão e limita o homem.

A chave desse impasse, como sabemos, é tomada a Kant: a perfeição só é possível à espécie. "Todas as disposições naturais de uma criatura estão destinadas a um dia se desenvolver completamente e conforme um fim", mas no homem, continua Kant,"aquelas disposições naturais que estão voltadas para o uso de sua razão devem desenvolver-se completamente apenas na espécie e não no indivíduo"[101]. Schiller, apesar de propor uma forma diferente de solucionar o problema da disparidade entre sensibilidade e razão, não prescinde das formulações de Kant e nem se desvia de sua concepção de história. Por isso pode afirmar: "todo homem individual, pode-se dizer, traz em si, quanto à disposição e destinação, um homem ideal e puro, e a grande tarefa de sua existência é concordar, em todas as suas modificações, em sua unidade inalterável" (cf. Schiller, 1990: 32). E antes: "sabemos que as determinações da vontade humana permanecem sempre contingentes e apenas no ser absoluto as necessidades física e moral coincidem" (*id., ibid.*: 31). Em outras palavras, no homem, enquanto ser finito, tanto a dimensão física quanto a moral, ainda que devessem relacionar-se reciprocamente, permanecem não obstante separadas.

Sendo assim, Schiller articula a seguinte estratégia de pensamento para oferecer uma resposta inusitada: ainda que impulso sensível e impulso formal sejam contraditórios, não o são nos mesmos objetos. Para que o homem possa consolidar seu projeto de tornar-se perfeito, uma relação recíproca entre

---

[101] Cf. KANT, I. *Idéia de uma história universal de um ponto de vista cosmopolita*. São Paulo: Brasiliense, 1985: 11

esses impulsos deve ser concebível. Assim, adianta Schiller, "o impulso sensível exige modificação, mas não que ela se estenda à pessoa e a seu âmbito, ou seja, que ele seja alternância de princípios. O impulso formal reclama unidade e permanência – mas não quer que o estado se fixe juntamente com a pessoa, que haja identidade da sensação" (*id., ibid.*: 71). Cada impulso possui seu próprio domínio e sua importância para a formação da humanidade do homem, de modo que nenhum deles pode ser preterido a outro.

Contudo, o que se há de esperar da relação entre eles não pode ser uma mera uniformidade. Deve-se esboçar uma forma de harmonia. Acontece, porém, que uma harmonia entre ambos viria sugerir a necessidade de um terceiro impulso, como já dissemos, um impulso fundamental, capaz de fazer a mediação e condicionar uma livre relação entre os dois outros. Este terceiro impulso, é ele uma idéia da razão forjada para tornar possível o pensamento dessa harmonia, dessa relação recíproca. Trata-se, desta maneira, de abrir o campo do possível. Para Schiller, o modo desta abertura não é outro senão o estético, através da exploração da beleza, que se configura como jogo.

Isto, porém, não acontece sem dificuldades.

O jogo entre a forma e a vida

Para Schiller, com efeito, a estética é o campo do lúdico. A beleza é um jogo em que a tensão entre forma e fundo gera sua harmonia peculiar. Assim, pode-se dizer sem embargo que o meio termo responsável pela reciprocidade entre o impulso formal e o sensível é o impulso de jogo, o impulso lúdico. Aqui se expõe a grande posição de Schiller: é pelo jogo que o homem se completa e finalmente se encontra consolidado consigo mesmo. O belo ou o impulso lúdico, enquanto idéia da razão que remete a uma ação, a ação de harmonizar, apresenta-se no âmbito da razão prática. É a razão prática (e não mais o Juízo estético, como em Kant) que, a fim de que o homem se complete, cria a necessidade dessa harmonia e a realiza sob o postulado de um impulso lúdico.

Como se sabe, o elemento próprio do impulso sensível é a vida, o ser material, a presença imediata no tempo e nos sentidos. Já o elemento do segundo impulso é a forma, "todas as disposições formais do pensamento e todas as suas relações com a faculdade do pensamento" (*id., ibid.*: 81). O impulso lúdico, contudo, não é nem apenas vida nem apenas forma; ele é, nas palavras de Schiller, FORMA VIVA. A forma viva é um conceito útil "para designar todas as qualidades estéticas dos fenômenos, tudo quanto o que em resumo entendemos no sentido mais amplo por **beleza**" (*id., ibid.*: 81). A beleza não se configura apenas no âmbito da forma nem tampouco nos limites da vida. A beleza é ela mesma uma forma viva.

Contudo, afirmar que a beleza seja formada por esses componentes não é já defini-la. Para fazê-lo, seria necessário perscrutar o momento da unificação entre forma e vida. Seria necessário apreender a ação recíproca tal e qual. Todavia, isto não é possível, pois para tanto seria preciso elaborar uma experiência, que a época atual não confere. A beleza, então, fica apenas como uma idéia da razão. Com efeito, "a razão, por motivos transcendentais, faz a exigência: deve haver uma conformidade entre impulso formal e material, isto é, deve haver um impulso lúdico, pois que apenas a unidade de realidade e forma, de contingência e necessidade, de passividade e liberdade, completa o conceito de humanidade" (*id., ibid.*: 82). A beleza deve ser esta harmonia. E pelo simples fato de 'dever ser' e não simplesmente 'ser', não podemos decidir quando, em que tempo, em que experiência essa harmonia acontece. Em outras palavras, não podemos dizer o que o belo é, embora possamos afirmar o que ele deva ser. O belo é um imperativo (cf. Suzuki, em: Schiller, 1990: 11). Seu apelo é o jogo. Para tornar-se efetivamente humano, que o homem jogue!

A palavra 'jogo' deve ser compreendida sob dois aspectos: um filosófico e outro sócio-político ou moral. No primeiro, entendemos o jogo ou o impulso lúdico como uma figura de pensamento que se apresenta para resolver um problema específico da filosofia crítica, a relação das faculdades do ânimo em vista da viabilidade da liberdade no mundo sensível. No outro, jogo é comunicabilidade, relação entre seres humanos, comunidade, a própria realização da liberdade no mundo e, portanto, da realização do homem em sua humanidade. Ambos os aspectos estão, evidentemente, em íntimo entrelaçamento, e é por isso que se pode dizer que filosofia e realidade histórica se conjugam em Schiller, mas como a relação recíproca ela mesma não é conceitualmente de rápida captação, essa conjugação não é identidade, e a filosofia, longe de se realizar, não se dissolve na história.

Heidegger, ciência e modernidade

1.

Martin Heidegger toma, quanto à descrição da filosofia cartesiana feita por Hegel (aquela que conduz, como se sabe[102], à compreensão segundo a qual a liberdade da Subjetividade seria o princípio dos Tempos Modernos), toma a seguinte posição: embora se possa perceber "a essência dos Tempos Modernos no fato de que o homem se libera dos ataques da Idade Média para encontrar sua própria liberdade", como o fez Hegel, esta caracterização é justa porém "nem por isso menos superficial"[103]. O autor de *Ser e Tempo* verruma esta interpretação até o ponto em que pode identificar a essência da Subjetividade não só como liberdade mas também como "representação". Seu intento, porém, diametralmente oposto ao de Hegel, é desapossar-se do resultado de sua redefinição da Modernidade, tentando superá-la através de uma operação bem precisa: a chamada "destruição da metafísica" operada como uma sua ultrapassagem[104], para que algo de

---

[102] Cf. HEGEL, G. W. F. *Introdução à história da filosofia*. São Paulo: Abril, 1984, p. 157.

[103] Cf. HEIDEGGER, M. "L'époque de la 'conceptions du monde", in: *Chemin qui ne mène nulle part*. Paris: Gallimard, 1962.

[104] Cf. Heidegger, M. *Ser e Tempo*. Petrópolis: Vozes, 1995, p. 47.

diferente possa acontecer. Quer dizer, Hegel descobre o que julga ser o essencial de Descartes para apossar-se dele: a interioridade do Espírito como a consciência de ser toda a realidade; Heidegger aprofunda o que Hegel concebe como "essencial" até atingir o seu rosto mais específico; mas sua intenção não é assumir este rosto, senão criar algo totalmente outro[105].

A leitura heideggeriana da Modernidade filosófica procura estabelecer a essência do empreendimento de Descartes a partir da compreensão de um fenômeno essencial dos nossos tempos, a Ciência. Este procedimento se fixa em uma perspectiva segundo a qual o labor da Metafísica, em sua reflexão sobre a essência do ente, efetua-se de modo a decidir a maneira pela qual se desprega a verdade de uma época. Não se trata, certamente, de responder à questão, aliás sem interesse, de se é a História que faz a Filosofia ou se é esta que faz aquela; trata-se outrossim de deixar claro o seguinte: a meditação metafísica fornece o princípio de compreensão dos eventos de uma época e, assim, determina-lhe o sentido mais preciso, o qual necessita apenas ser explicitado.

Compreender uma época, com efeito, passa certamente pelo exame de seus fenômenos, mas este exame tão somente não basta, nem é digno de ser prolongado, se logo não se encaminha a meditação para o solo de onde se eleva o princípio dessas manifestações, este sim merecedor de ser colocado em questão e investigado até suas últimas conseqüências. Este processo de compreensão, Heidegger o desenvolve realizando de um golpe três movimentos: (1) primeiro afirma o poder de a metafísica fundar uma era através de sua meditação sobre a essência do ente; (2) em seguida, adianta a possibilidade de uma exaustiva meditação

---

[105] Cf. STEIN, Ernildo. "Nota do tradutor", in: HEIDEGGER, M. *O fim da filosofia e a tarefa do pensamento*. São Paulo: Abril, 1984, p. 67.

sobre o conjunto dos fenômenos desta era ser capaz de reenviar ao princípio fornecido pela metafísica, através do qual a era em pauta adquire sua configuração essencial; (3) e o terceiro passo é a retomada do exame deste princípio, de modo a colocar em questão "a verdade de nossos próprios postulados e de fazer da região de nossos próprios objetivos o que existe de mais digno de ser colocado em questão" (cf. Heidegger, 1962: 69), isto é, a retomada do exame deste princípio para a melhor compreensão de nós mesmos.

O terceiro passo, só possível naturalmente ao cabo do segundo, confirma a necessidade do primeiro e lhe garante validade: compreendemos nosso tempo apenas através da compreensão do resultado do labor metafísico. O trabalho da metafísica se realiza através do cuidado com os seguintes temas: a acepção do ente e a explicação da verdade que se acham implicadas na origem dos eventos de sua época – no nosso caso, a Modernidade. A tarefa de Heidegger, enquanto um pensador não-metafísico, não será oferecer esta acepção ou esta explicação, isto fez, por exemplo, Kant, com suas condições *a priori* de possibilidade do conhecimento científico, depois de Descartes, cujas concepções de "ente" e "verdade" enlaçam de maneira determinante o modo de advir da Ciência moderna, como já veremos. A tarefa de Heidegger, assim, será compreender estas concepções, depois de desvelá-las.

O primeiro movimento, o da metafísica como fundadora de uma época, deve ser tomado como uma proposição, algo que se afirma de chofre e aguarda ulteriores esclarecimentos. No que diz respeito ao exame dos fenômenos, o qual nos reconduzirá à meditação do princípio metafísico segundo o qual reconheceríamos a configuração de nossa época, Heidegger se detém no exame de apenas um fenômeno da Modernidade, mas um fenômeno central: a Ciência. A Ciência moderna se pauta por e se sustenta em uma acepção do ente e uma explicação da verdade para as quais encontra na metafísica um respaldo, e este respaldo é o que lhe fornece uma configuração enquanto "Ciência" e enquanto "moderna". Assim, para a compreendermos em sua totalidade, é preciso indagar: "qual é, sobre o que repousa a essência da Ciência moderna? qual acepção do ente e da verdade funda esta essência?" (*id., ibid.*: 70). Estas perquirições devem ser acionadas porque, "se conseguimos tocar o fundo metafísico que funda a Ciência enquanto moderna, deve ser então possível entrever a partir disto a essência de todos os Tempos Modernos" (*id., ibid.*: 70), que é exatamente o que buscamos agora.

2.

Antes de tudo, porém, é preciso marcar a especificidade do sentido do termo "Ciência". Para tanto, depois de dizer que esta palavra significa "alguma coisa de essencialmente diferente tanto da *doctrina* e da *scientia* da Idade Média quanto da *episteme* grega" (*id., ibid.*: 70), Heidegger faz duas advertências: é insensato dizer que a Ciência moderna é mais exata que a Ciência grega, simplesmente porque a Ciência grega não é nem tem a pretensão de ser exata; em seguida, é de todo sem sentido afirmar por exemplo que a teoria galileana da queda livre dos corpos é verdadeira enquanto a de Aristóteles não o é, pois isso não depende de uma argúcia mais acentuada, da qual os gregos seriam eventualmente desprovidos. Com efeito, se a teoria aristotélica nos parece menos acertada, isto se deve ao fato de a acepção grega da natureza do corpo e do espaço, e da relação entre os dois, repousar "sobre outra ex-plicação do ente" que a nossa, e condicionar por conseqüência "uma outra maneira de ver e de questionar os fenômenos naturais" (*id., ibid.*:70). Como ninguém de bom senso ousaria dizer que a poesia de Shakespeare é melhor que a de Ésquilo, também não se pode dizer que nossa maneira de apreender o ente seja mais justa que a dos gregos, de modo a se acreditar que o que nos separa deles seja um qualquer grau de progresso[106], grau aliás só apreensível em sua exterioridade. O que marca a especificidade da Ciência moderna e a separa das demais (sem com isso colocá-la, numa consideração valorativa, em vantagem) é sua essência fundamentalmente inquiridora. A essência da Ciência moderna, diz Heidegger, é a pesquisa . Todavia, em que consiste a essência da pesquisa? A essência da pesquisa[107] consiste em que o conhecimento se inaugura, "enquanto investigação, num domínio do ente, a natureza ou a história" (cf. Heidegger, 1962: 71), envolvendo três características: a) instala-se segundo um plano ou um projeto pelo qual se alinha, e em cujo alinhamento se depreende ou não como exato e rigoroso; b) não se efetua sem método; c) pauta-se na observação com fins classificatórios.

No que se refere à primeira característica (a), a qual fornecerá os critérios de rigor, Heidegger a desenvolve através de um exemplo, explicitado com a resposta à seguinte pergunta: por que a física moderna é matemática? O "matemático", para ele (*ta matémata*, para os gregos), significa aquilo que se nos aparece como de antemão já conhecido. Assim, ao prosseguir sua investigação balizada em algo que se dá como um conhecimento prévio, ou dito de outro modo, num "projeto", a física se faz uma Ciência "matemática". Por conseguinte, "a fidelidade ao alinhamento, que é o rigor próprio da pesquisa, tem, conforme ao projeto, seu caráter próprio" (*id., ibid.*: 72), é por ele que o rigor da física matemática é a exatidão. Portanto, "a Ciência se torna

---

[106] Cf. KOYRÉ, A. "Do mundo do 'mais ou menos' ao universo de precisão", in: *Estudos de história do pensamento filosófico*. Rio de Janeiro: Forense, 1991, pp. 275ss.

[107] Também Gaston Bachelar, dentre outros, chama a atenção para essa característica da ciência moderna. Cf. BACHELARD, G. *O novo espírito científico*. São Paulo: Abril, 1979, p. 96.

pesquisa pelo projeto que se lhe assegura no rigor da investigação" (*id., ibid.*: 73). Porém, projeto e rigor nada seriam se não se encontrassem juntos no "método". Que se recorde o título do famoso livro de Descartes!

O método – o segundo traço fundamental da pesquisa (b) – é um elemento essencial da pesquisa porque, para que ela chegue a uma objetividade, é preciso organizar a multiplicidade dos dados que se lhe apresenta em sua investigação. Portanto, a investigação, diz Heidegger, deve "representar o variável em sua variabilidade, isto é, fixá-lo, deixando seu movimento ser um movimento". Em seguida, afirma: "A fixidez dos fatos e a constância de sua mudança, enquanto tais, constituem a regra. A constância da mudança na necessidade de seu processo, esta é a lei científica". Porquanto "não é senão sob o horizonte da regra e da lei que os fatos podem aparecer claramente como o que são, isto é, precisamente como fatos", a pesquisa dos fatos, no domínio da natureza, "é nela mesma afirmação e confirmação de regras e de leis". Seguindo essa compreensão, "o procedimento segundo o qual um setor de objetividade chega à representação se caracteriza pela classificação a partir do que é claro, isto é, por deixar claro tratar-se de explicação" (*id., ibid.*: 73). A pesquisa científica, no domínio da natureza, caracteriza-se por ser uma tentativa de "explicação". Aqui Heidegger procura fazer as devidas diferenciações entre Ciência da natureza e pesquisa histórica. Esta, tomando a crítica das fontes como critério de rigor, nada explica senão por exceção. Sua tarefa, como se sabe, é outra; a compreensão[108].

Um terceiro traço desta Ciência moderna – a característica (c) – é, ainda seguindo Heidegger, a observação

---

[108] Sabemos o quanto se ocuparam deste problema Dilthey e Max Weber, mas não vamos nos deter aqui nele (cf. CORETH, E. *Problemas fundamentais da hermenêutica*. São Paulo: EDUSP,1973, p. 45). Prossigamos portanto na caracterização da Ciência enquanto moderna.

como experiência exploratória organizada. Esta experiência consiste não somente numa "observação mais cerrada, mais precisa e mais vasta quanto ao grau e à extensão da observação" (cf. Heidegger, 1962: 75), mas também em um procedimento da confirmação da lei num quadro e a serviço de um projeto exato da natureza, o que implica a concorrência de uma verdadeira rede de instituições interessada no uso desta mesma natureza posta sob controle. Ou melhor, é justamente por haver esta concorrência institucional que a Ciência se organiza enquanto exploração organizada. Mas Heidegger não vê nisto nenhum sentido depreciador.

Portanto, o verdadeiro sistema das Ciências reside "na síntese do procedimento com a atitude a tomar quanto à objetivação do ente, esta síntese resultando cada vez da planificação do ente visado". A vantagem que se exige deste sistema, continua Heidegger, "não é portanto uma unidade qualquer de relação, controvertida e rígida, dos diversos setores da objetividade, mas a maior mobilidade possível, livre mas regrada, de mudança e de retomada das pesquisas concernindo às diversas tarefas dominantes"(*id., ibid.*: 78). Quanto mais a Ciência se especializa exclusivamente na ativação e no domínio total de seu modo de proceder, tanto "mais as Ciências organizadas, livres de toda ilusão, se concentram resolutamente nos estabelecimentos e nas escolas especiais de pesquisa", tanto mais entram "irresistivelmente na perfeição de sua Modernidade essencial" (*id., ibid.*: 78). Em síntese, dizer que a essência da Ciência moderna se apresenta como pesquisa significa que ela se constitui pela coordenação dessas três etapas, o alinhamento por um projeto que, enquanto *matémata*, lhe abre as vias do rigor; o uso do método, que lhe assegura o rigor como exatidão; e a observação como experiência exploratória organizada que, por meio da classificação dos múltiplos dados e do cálculo, permite a explicação dos fatos, dando acesso ao domínio da natureza.

O domínio da natureza se dá, desse modo, pelo processo de sua objetivação, por meio do qual a Ciência da natureza se define como o âmbito da objetividade. Assim, afirma ainda Heidegger, "a medida em que é pesquisa, o conhecimento, de alguma maneira, pede conta ao ente quanto à extensão de sua disponibilidade pela representação" (*id., ibid.*: 78). O que significa que a maneira de ser da Ciência moderna, enquanto pesquisa, se configura de modo a tornar o ente mensurável, quantificável, à mão, de modo a se criar assim os dois pólos constituintes da "representação" propriamente dita: sujeito que conhece e objeto a ser conhecido. "Esta objetivação do ente", diz ele, "se efetiva numa representação visando fazer vir diante de si todo ente de tal modo que o homem calculante possa disto estar seguro (*sicher*), isto é, certo (*gewiss*). Estritamente falando, não há Ciência como pesquisa senão a partir do momento em que a verdade é tornada certeza da representação" (*id., ibid.*: 79). E neste sentido, a representação é o lugar de onde vemos desprender-se a acepção do ente e o conceito de verdade que serão próprios dos Tempos Modernos.

3.

Dito isto, porém, chega então a hora de perguntar, para que se retome a meditação da essência da Ciência como pesquisa e se reconheça seu fundo metafísico, qual é a acepção do ente e qual o conceito de verdade que fazem com que a Ciência possa tornar-se pesquisa. Este é o terceiro passo a que nos referíamos acima, uma preparação para o retorno ao primeiro, o qual deixamos sem desenvolvimento: como a metafísica determina uma "imagem do mundo", isto é, uma "época"?

Para alcançar este fundo, a premissa de Heidegger é a de que, sendo a Ciência enquanto pesquisa o fenômeno primordial dos Tempos Modernos, se descobrimos a essência da pesquisa descobrimos também a essência dos Tempos Modernos. Ora, a essência da pesquisa é aquilo que lhe fornece as condições de possibilidade de ser tal como é. Se ela é o processo de objetivação do ente no quadro de uma Subjetividade exploratória e calculante, sua essência é portanto a representação, isto é, a instância onde as coisas são apresentadas numa segunda visada (re-presentação) pelo pensamento. E é como a idade da representação que se destaca a época moderna. É por meio deste avanço na compreensão do fenômeno mais importante de nossa época – a Ciência – que Heidegger chega a Descartes. Depreender a essência da pesquisa nos termos da representação é responder à primeira pergunta desta exposição (qual a acepção do ente e qual conceito de verdade), depreendendo-se no mesmo gesto a resposta de nosso outro problema: qual a essência da Modernidade.

Para dizermos logo, o ente, e isto pela primeira vez na história da filosofia, torna-se objetividade da representação, e a verdade é a certeza de quem se representa o objeto. Eis por que, para Heidegger, seria superficial a leitura que identifica o princípio dos Tempos Modernos numa simples contrapartida à Idade Média, no sentido de que, ao contrário desta época, aquela seria o tempo da libertação, do subjetivismo, do individualismo. Com efeito, esta leitura, que como dissemos foi feita por Hegel, apreende apenas um lado do fenômeno: a época moderna como a época da Subjetividade livre. Mas, para apreender nossa época em sua totalidade, é preciso levar em conta outro fenômeno sem precedência na história da humanidade: ao lado da emergência do homem como sujeito livre, é preciso dizer que em nenhuma outra época o mundo se deu como objeto explorável enquanto passível de cálculo e classificação (cf. Koyré, 1991: 278)[109]. Isto é o que poderíamos chamar de surto de objetividade – para fazer parelha com o surto de subjetividade – pelo qual o conhecimento humano se define como Ciência numa acepção jamais fixada antes, a Ciência enquanto pesquisa: ou o que os ingleses, no rastro de Bacon, chamariam de *science*, o conhecimento como poder de domínio sobre a natureza. Para Heidegger, só levando em consideração estes dois acontecimentos em conjunto – a emergência do sujeito e o surto de objetividade – é que podemos nos encaminhar para uma compreensão mais profunda da Modernidade. "O decisivo", diz ele, "não é que o homem tenha se emancipado dos antigos grilhões para chegar a si mesmo, mas que a essência mesma do homem muda, na medida em que se torna sujeito" (cf. Heidegger, 1962: 80). De fato, em nenhuma outra época a noção de sujeito estava relacionada com a noção de homem.

A palavra *subjectum*, nos diz Heidegger, deve ser compreendida como a tradução do grego *hypokeimenon*. A propósito, Roberto Markenson, em artigo sobre a questão do sujeito em Kant, lembra que tal termo pertence à física de Aristóteles e "significa um dos três princípios (*archai*) envolvidos na mudança (*genesis*) de uma coisa em outra: a forma imanente (*eidos*), o que falta à forma original e que será adquirido com a mudança (*steresis*), e o que persiste através da mudança, o solo ou o suporte no qual ela se dá (*hypokeimenon*)"[110]. A se deter

---

[109] Cf. MARRAMAO, G. *Poder e secularização. As categorias do tempo*. São Paulo: UNESP, 1995, p. 165.

[110] Cf. MARKENSON, R. "Kant e a Subjetividade transcendental", in: Revista de Filosofia – *A questão do sujeito*. João Pessoa: UFPB, 1991, p. 15.

na idéia de suporte, de sustentáculo, de solo (*Grund*), daquilo que se estende diante de si, como diz Heidegger (*das Vor-Liegende*), o sujeito seria o palco, o lugar de recolhimento do sentido de tudo quanto se re-presenta como objeto: "esta significação metafísica da noção de sujeito não tem primitivamente nenhuma relação especial com o homem e ainda menos com o 'eu'" (cf. Heidegger, 1962: 80). Só nos Tempos Modernos se pode ver esta identificação entre sujeito e homem; e isto significa que o homem passa a ser o centro de referência onde todo o ente recebe sua verdade, o lugar onde se depreende a maneira de ser de todo o ente. E, se isto implica numa reviravolta quanto ao modo de se conceber o homem, ainda mais significativo é o modo como o mundo passa a ser concebido.

Uma vez posto como sujeito, e uma vez que por sujeito entendemos o lugar da representação, o homem determina os entes mundanos – e o próprio mundo enquanto ente – na medida dessa sua autodeterminação como sujeito. A conseqüência disso é que o mundo passa a ser compreendido como objeto à mão, tanto para o conhecimento quanto para a ulterior utilização. Daí a necessidade de se provar sua existência exterior. Daí porque a determinação ontológica do mundo é estabelecida por Descartes como *res extensa*. Na falta de possibilidade de apreender o sentido do ser do mundo, ele é apreendido pelo seu atributo "substancial", a *extensio*. E, por isso mesmo, o único meio de acesso a este mundo é, para o sujeito enquanto *res cogitans*, o conhecimento matemático. "A única via de acesso autêntica para esse ente", diz Heidegger agora em *Ser e Tempo*, "é o conhecimento, a *intellectio*, no sentido do conhecimento físico-matemático". E assevera: "O conhecimento matemático vale como o modo de apreensão dos entes, capaz de propiciar sempre uma posse mais segura do ser dos entes nele apreendidos". Adiante, arrematando, acrescenta: "em sentido próprio, só é aquilo que tem o modo de ser capaz de satisfazer ao ser acessível no conhecimento matemático" (cf. Heidegger, 1995: 141s). Ora, a pergunta pelo ente é uma indagação metafísica que cobre uma história inteira, desde Platão e Aristóteles. Todavia, na Modernidade, toda resposta a esta pergunta se dirige no sentido de determinar o que o ente é para o sujeito, que no presente caso (e este "presente" remonta a Descartes) é o homem. Neste sentido, Heidegger posiciona Descartes na mesma tradição de Platão e Aristóteles. Mais ainda, Descartes seria um ponto culminante de toda metafísica ocidental. Ultrapassá-lo não seria já ultrapassar, também, a metafísica em sua totalidade?

Neste ponto, Heidegger adverte-se de uma possível objeção: um conhecedor do texto cartesiano pode alegar que esta questão – o que é o ente? – "não se encontre formalmente nas *Meditações* de Descartes". Contudo, que ela assim não se encontre nada mais se prova, "senão de que maneira essencial a modificação da resposta dada determina já a nova posição fundamental". Só a acepção cartesiana do ente e da verdade "cria a condição de possibilidade de uma teoria do conhecimento ou de uma metafísica do conhecimento. Não é senão por, e depois de Descartes que o realismo se vê colocado na obrigação de provar a realidade do mundo exterior e de salvar o ente em si" (Heidegger,1962: 89). Nisto aliás está empenhada toda a filosofia moderna, não só Descartes como Locke, Hume e Kant.

Sabemos, com efeito, que, embora a questão do conhecimento jamais tenha sido alheia aos antigos, a filosofia como um cuidado especial com o conhecimento, no sentido de ser uma averiguação prévia a respeito das condições de possibilidade de todo saber é uma configuração da qual ela só tomou posse nos Tempos Modernos. A filosofia como teoria do conhecimento é um fato da Modernidade. Sabemos, também, que a tarefa primordial do pensamento heideggeriano, pelo menos daquele expresso em *Ser e Tempo*, era redefinir a filosofia a partir de uma nova configuração que a ultrapassasse como mera teoria do conhecimento e a definisse como uma ontologia fundamental, onde o conhecimento do Ser se daria pelo conhecimento do modo de ser daquele ser que sobre o Ser se colocava a questão, o *Dasein*. Nesta tarefa, Heidegger não só enfrenta a tradição de toda a metafísica ocidental como também os seus contemporâneos, como Dilthey e Cassirer[111], que se encaminhavam para uma elaboração da filosofia como antropologia. Daí sua insistência em determinar a posição do sujeito em Descartes como a tomada do homem como centro de referência, e em seguida identificar Descartes a toda a metafísica ocidental; porque na medida em que ultrapassa o fundamento cartesiano ultrapassa também as tentativas de sua época de tornar a filosofia uma antropologia. O ato de pôr o "mundo" como objeto de conhecimento é decorrente do ato de pôr o "eu" como sujeito cognoscente. Dizer isto, todavia, implica apreender a essência dos Tempos Modernos não mais apenas na liberdade da Subjetividade nem somente na objetivação da natureza, mas, como vimos insistindo, no fenômeno da representação, que engloba em seu interior estes dois outros elementos.

4.

O sujeito, que Hegel via como o princípio, é na verdade apenas um dos pólos dessa atividade mais fundamental, a representação, da qual o objeto é o segundo pólo. Assim, quando o homem se faz sujeito, faz-se na medida em que o mundo se torna objeto – *para ele*; mas isso só é possível enquanto o que se lança como condição de possibilidade

---

[111] Cf. CASSIRER, E. *Ensaio sobre o homem.* Lisboa: Guimarães, 1995: 14. Cf. DILTHEY, W. *Crítica de la razón histórica.* Barcelona: Península, 1986, p. 89.

desta diferenciação é a atividade mesma do representar-se. É quando destacamos o primado da representação como princípio da Modernidade que podemos identificar o moderno como a época das imagens do mundo (*Weltbilden*). Com efeito, Giacommo Marramao, pensando em Heidegger, chega a apresentar "o moderno" como "*Weltbild* por antonomásia" (cf. Marramao, 1995: 162). Ora, exatamente agora que podemos identificar a essência dos Tempos Modernos no primado da representação, podemos também compreender porque uma época pode ter uma essência, podemos enfim compreender o que é uma época enquanto algo que nos dá uma imagem do mundo e enquanto algo de que nós mesmos fazemos uma imagem.

Esta maneira de ver as coisas é algo tipicamente "moderno". Com efeito, apenas quando meditamos sobre a essência dos Tempos Modernos é que entrevemos a necessidade de conceber uma "imagem do mundo"; isso se dá exatamente porque somente agora o mundo é aquilo que se põe diante de nós, e em nenhuma outra época era esta a maneira de se visar o ente. É quando se opera a mudança de fundo pela qual passou o conceito de homem, depois de Descartes, é quando esta mudança recobra uma apreensão do mundo que o toma como quadro, como imagem, é então que uma época pode ser concebida como algo cujo princípio é determinável segundo uma representação metafísica, ou melhor, segundo uma certa "concepção de mundo", uma *Weltbild*.

A correlação entre homem como sujeito e mundo como imagem concebida[112] deixa-nos frente-a-frente com o

---

[112] Para uma extensão dessas coordenadas heideggerianas, cf. MARRAMAO, 1995: 164: "Para captar os traços distintivos da imagem do mundo tal como se configura no século XVII é preciso acrescentar ao eixo *imago—subjectum* [eixo da leitura heideggeriana] o eixo *lógica-figura*". Esta extenção implica uma tomada de consideração do artificialismo convencional da *ordem* moderna, que por motivos óbvios não podemos desenvolver aqui.

alvo que deveria receber a mira da crítica destruidora[113] de Heidegger: o humanismo implicado no primado da representação, porque humanismo "quer designar esta interpretação filosófica do homem que explica e avalia a totalidade do ente a partir do homem e em direção ao homem" (*id., ibid.*: 84). E, com isto, vemos como a descrição heideggeriana da Modernidade efetua-se de modo a desfazer-se daquilo que descreve. O humanismo é uma invenção moderna, rebento de uma concepção do mundo que cinde sujeito e objeto na representação. Como esta concepção do mundo parece dever ser ultrapassada (cf. Heidegger, 1995: 135), o humanismo também deve ser "destruído"[114]. Assim, a elucidação do modo de ser originário do *Dasein* como "compreensão" não só deverá matizar-se o excesso de objetivismo das ciências como também a *hybris* do subjetivismo da filosofia. Estas duas extravagâncias, postas no cerne da crise da modernidade, só se dissolvem quando pensadas no interior de uma ontologia fundamental. *Res cogitans e res extensa* são substâncias cujo fundamento comum só poderá "ser ontologicamente determinado em seus princípios quando se tiver esclarecido o sentido do ser" que lhes é próprio (*id., ibid.*: 139), e como a analítica do *Dasein* é o percurso pelo qual atingimos esse sentido, então ela se manifesta propriamente como uma hermenêutica, cuja tarefa é restituir à inteligibilidade a compreensão do próprio tempo vivido pelo *Dasein*. De fato, o estar aí lançado no tempo

---

[113] Sobre o conceito heideggeriano de "Destruição", cf. HEIDEGGER, 1995, p. 6.
[114] Para um desenvolvimento em conjunto do discurso anti-humanista contemporâneo, cf. FERRY & RENAUT: 1988. É importante ainda cf. HEIDEGGER, M. Carta sobre o humanismo. São Paulo: Abril, 1984 e DERRIDA, J. "Os fins do homem", in: *Margens da filosofia*. Campinas: Papirus, 1991.

e entre as coisas seria captado pela interpretação da conduta temporal do *Dasein* na lida quotidiana, e este voltar-se a esta questão do cotidiano mobiliza a ontologia heideggeriana, lançando o fundamento daquilo que se pode chamar uma hermenêutica do "existo", que procede "de uma refutação do *Cogito* concebido como simples princípio epistemológico e, ao mesmo tempo, designa um extrato de ser que é preciso, por assim dizer, colocar sob o *Cogito*"[115]. Se as sutis análises de estados raros de sentimento (como o tédio, a angústia e outras disposições) nos quais o *Dasein* se envolve[116] não são acionadas, em *Ser e tempo*, para se fazer existencialismo; se elas ali estão para marcar bem a certeza de que o pesquisador (cientista ou filósofo; e mesmo o homem comum) não é senhor de suas atividades, mas está, independente de sua vontade "soberana", preso a situações que o precedem e o limitam, o que então é preciso dizer é que esse extrato de ser desempenha em Heidegger a mesma função que, em Freud, desempenhava o desejo[117]: ele envolve a consciência, e esta, sempre ultrapassada em suas pretensões, nunca o envolve em sua sede de conhecer. Na verdade, para falar enfaticamente, a consciência já não desempenha aí nenhum papel filosófico importante. A todo este respeito, pode-se dizer: o ser envolve aquele que o questiona, de modo a não se dá como um seu objeto; o ser é o próprio tempo: "O que o ser significa terá de ser determinado a partir do horizonte do tempo. A estrutura da temporalidade aparece assim como a determinação ontológica da subjetividade. Porém ela era mais do que isso. A

---

[115] Cf. RICOEUR, P. *O conflito das interpretações*. Ensaios de hermenêutica. Rio de Janeiro: Imago, 1978, p. 189.
[116] Cf. BICA, L. *O mesmo e os outros*. Rio de Janeiro: Sette Letras, 1999.
[117] Cf. NUNES, B. "A ontologia fundamental como hermenêutica", em: *Hermenêutica e poesia*. Minas Gerais: Humanitas, 199, p. 57.

tese de Heidegger era: o próprio ser é tempo"[118]. A consciência, deslocada de seu lugar central da representação (a relação sujeito/objeto), fundando-se no ser que a precede como tempo e compreensão, apresenta-se agora não mais como simples *Cogito*, mas como *Dasein*, cuja estrutura fundamental é a própria temporalidade. Ora, que é o moderno, afinal, senão essa experiência íntima com o tempo?

---

[118] Cf. GADAMER, H.-G. "O projeto de Heidegger de uma fenomenologia hermenêutica", em: *Verdade e método*. Petrópolis: Vozes, 1997, p. 389 [261].

10

Ação e liberdade em Sartre

Para M. Pequeno

Ao abordar a relação entre 'ação' e 'liberdade' a partir de algumas páginas do livro *O ser e o nada* de Jean-Paul Sartre[119], gostaríamos de mostrar que esta relação ocorre sobre o lastro de um ponto de vista filosófico aceito pelo livro como um todo, desde suas reflexões iniciais, e que a ele fornece uma linha argumentativa no prosseguimento da qual o livro se estrutura e se compõe: a distinção entre o 'ser-em-si' e o 'ser-para-si'. Tudo se passa como se, ao rodar sobre esse eixo, o livro tirasse dessa ciranda o material necessário à constituição de seu volume, que por isso mesmo ganharia unidade. A distinção entre um e outro 'ser' é como uma espécie de encruzilhada necessária sem a qual perde toda inteligibilidade qualquer 'tema' que desejássemos abordar. Sem ela ficamos como a meio do caminho, ou antes, interditamo-nos sem nem mesmo começar a caminhada.

---

[119] Utilizamos a tradução brasileira de Paulo Perdigão. Cf. SARTRE, J-P. *O ser e o nada. Ensaio de ontologia fenomenológica.* Petrópolis: Vozes, 1997.

Como ela é feita? Uma olhadela sobre o índice do volume já nos ensina alguma coisa: entre o item VI ("O Ser-Em-Si") com que termina a introdução "Em busca do ser" e a segunda parte dedicada a "O Ser-Para-Si", encontramos a cerrada e originalíssima discussão sobre "O Problema do Nada" que constitui a primeira parte da obra. É, com efeito, a intromissão do problema do Nada na reflexão sobre o Ser que garante a precisa distinção entre o 'Em-si' e o 'Para-si', ao mesmo tempo que fornece o princípio de compreensão deste último. O 'Em-si' é o ser do Fenômeno, essa instância da realidade para o que faz face a Consciência.

A questão, inicialmente, define-se justamente na tentativa de compreender por que ainda se insiste em dualismos como Consciência e Fenômeno, dualismos não superados nem mesmo, diz Sartre, pelos 'consideráveis progressos' da filosofia moderna. Tudo se passa, ainda, como se a distinção aqui evocada fosse a última, até atingir-se o núcleo originário do Ser, no qual mais nenhuma distinção se *originaria*. Se este núcleo é atingido, não vamos agora discutir[120]. O caso próprio a se debruçar aqui é o de que, posto o Nada, o Ser se dissipa até chegar à compreensão de que sua dissipação é sua própria 'essência', explicitada afinal por sua existência, que a precede, como de resto sabemos mesmo antes de ter lido a obra, pois que sem dúvida trata-se de um clássico, se clássico for mesmo, como alguém já disse, aquele livro cuja primeira leitura é já uma releitura.

Depois desta distinção, sim, nenhum outro dualismo se origina porque essa é já uma distinção originária, que aliás o *Ser* do 'Para-si' confirma. O 'Em-si', portanto, é o ser que, sendo em si, é também o que simplesmente é. "Opaco a si mesmo porque está pleno de si" (cf. Sartre, 1997: 38). Nem ativo nem passivo, nem possível ou necessário, ele é pura

---

[120] As relações entre Sartre e a metafísica são discutidas por Gerd Bornheim em seu Sartre. São Paulo: Perspectiva, 1978.

positividade. Por quê? Primeiro porque o necessário não diz respeito à ordem dos existentes mas "à ligação das proposições ideais" (*id., ibid.*: 39); segundo porque atividade, passividade e possibilidade são características do 'Para-si'. O 'Para-si', contudo, não se deixa definir senão quando já temos acesso à compreensão do Nada, ou melhor, quando a reflexão sobre o Nada nos possibilita pensar o conceito, de proveniência heideggeriana[121], de 'nadificação'. Aliás, a 'pequena tese' que nosso trabalho pretende defender é a de que a liberdade, *condição primordial da ação*, não se deixa compreender senão pelo conceito de *nadificação*, que como veremos é a estrutura essencial do 'Para-si'.

Mas como entra em cena o 'problema' do Nada? Poderíamos dizer rapidamente que ele entra em cena pela busca do *concreto* na investigação sobre o Ser originário. "O concreto", diz Sartre, "só pode ser a totalidade sintética da qual tanto a consciência como o fenômeno são apenas momentos. É o homem no mundo, com essa união específica do homem com o mundo que Heidegger[122], por exemplo, chama 'ser-no-mundo'" (*id., ibid.*: 43). A distinção, aliás, só faz sentido na pressuposição de uma síntese originária, que no final deveria ser explicitada[123]. O Ser originário é aquele que encerra a relação entre o mundo e o homem, e o concreto é a síntese desta relação. Assim, exatamente por ser o concreto, a sua busca se deve efetuar de um modo objetivo, isto é, a partir das condutas humanas, que se dão no mundo[124].

---

[121] Cf. MOUSINHO, D. S. *Sartre: psicologia e fenomenologia*. São Paulo: Brasiliense, 1996.
[122] Cf. HEIDEGGER, M. *Ser e tempo*. Petrópolis: Vozes, 1995. Cf., ainda, NUNES, B. *Passagem para o poético*. São Paulo: Ática, 1986.
[123] Essa a problemática de Heidegger, ainda, em *Kant et le problème de la métaphysique*. Paris: Gallimard, 1981, principalmente nas páginas 120ss: "La synthèse ontologique".
[124] Esse também o procedimento heideggeriano em *Ser e tempo*. (Cf. HEIDEGGER, 1995, pp. 12 e 13.)

"Cada uma das condutas humanas, sendo conduta do homem no mundo, pode revelar-nos ao mesmo tempo o homem, o mundo e a relação que nos une, desde que os encaremos como realidades apreensíveis objetivamente" (cf. Sartre, 1997: 44). Mas qual a conduta humana mais acessível à sua apreensão?

Ao respondermos a essa pergunta logo antevemos a fissura de onde surgirá o Nada. "Ora", assevera Sartre, "a própria investigação nos oferece a conduta desejada: o homem que *eu sou*, se o apreendo tal qual é neste momento no mundo, descubro que se mantém frente ao ser em uma atitude interrogativa" (*id., ibib.*: 44). Com efeito, a mais banal das indagações implica a espera de uma resposta. Se pergunto se você vai à festa hoje, por exemplo, a interrogação me deixa na expectativa de uma resposta. Que significa isso? Que a resposta pode ser afirmativa ou negativa. Porque sequer existiria a pergunta se não houvesse a chance de variar a resposta. Ela será sim ou não (talvez ou seguramente). "A existência de duas possibilidades igualmente objetivas e contraditórias distingue por princípio a interrogação da afirmação ou negação" (*id., ibid.*: 45). A possibilidade de se dizer 'não', portanto, nos deixa de cara com a iminência da negatividade.

É a partir daí que o Nada entra em cena. "A condição necessária para que seja possível dizer não é que o não-ser seja presença perpétua, em nós e fora de nós. É que o Nada infeste o ser" (*id., ibid.*: 52). O homem, portanto, ser de linguagem, é, justamente enquanto pergunta, o responsável pela entrada do Nada no mundo. O que nos interessa aqui, por enquanto, é que, ao infestar o ser, o Nada *nadifica*. Que seria, então, a potência "nadificadora" do Nada? Ou, em outros termos, de onde vem o Nada? Ou ainda melhor, de onde vem que a fluência do Nada influencie o ser, de onde vem que ele *aja*? "Se quisermos nos aproximar do problema", diz o filósofo, "devemos admitir primeiro que não se pode conceder ao nada a propriedade de 'nadificar-se'. Porque, embora o verbo 'nadificar' tenha sido cunhado para suprimir do Nada a mínima aparência de ser, há que convir que só o Ser pode nadificar-se, pois, como quer que seja, para nadificar-se é preciso ser" (*id., ibid.*: 65). De onde podemos intuir que deve haver um ser que nadifica o Nada – efetiva-o – ao nadificar-se. Esse ser, porém, não pode ser o 'Em-si', pois, como afirmamos, este é pura positividade, não se pode anular, tampouco negar-se; ou como diz certa ensaísta, "é substância, resistente, opaco, viscoso"[125]. O que significa que esse Ser só pode ser o 'Para-si', já que é afinal o Nada, implicado por ele, que o distingue do 'Em-si'.

Mas "como há de ser este Ser com relação ao Nada para que, por meio dele, o Nada venha às coisas?" Em primeiro lugar, deve-se observar que "não pode ser passivo com relação ao Nada: não pode recebê-lo; o Nada não poderia advir a esse ser salvo por meio de outro Ser – o que nos obrigaria a uma regressão ao infinito". Mas, por outro lado, continua Sartre, "o Ser pelo qual o Nada vem ao mundo não pode produzir o Nada indiferente a esta produção, como a causa estóica produz seu efeito sem se alterar" (*id., ibid.*: 65). O que significa que o 'Para-si', ao nadificar o Nada, é contaminado por ele. Se disso ele cuida, disso ele usa, invariavelmente. Assim, o Nada, ao infestar o ser do 'Para-si', faz manifestar a estrutura (cindida, fissurada, aberta) dele mesmo: ao contrário da positividade do 'Em-si', o 'Para-si' será lacuna, inadequação, não coincidência de si consigo mesmo. A cisão é inter-cisão, ocorre na própria imanência do 'Para-si': ele é, e sendo, é e não é ao mesmo tempo; mas nada se interpõe entre ele e ele mesmo; aliás, é justamente porque nada se interpõe que o Nada se põe. O 'si' do 'Para-si' representa, portanto, "uma distância ideal na imanência entre o sujeito e si mesmo, uma maneira

---

[125] Cf. CHAUÍ, M. "Filosofia e engajamento: em torno das cartas da ruptura entre Merleau-Ponty e Sartre". Em: *Dissenso*. Revista dos Estudantes de Filosofia. São Paulo, n. 1, agosto de 1997, p. 144.

de *não ser sua própria coincidência*, de escapar à identidade" (*id., ibid*.: 125). É neste torvelinho, entre o ser e o não-ser, que o 'Para-si', ao negar-se perpetuamente, faz-se um ser para quem o Nada é partícipe. A liberdade surge desse estado-de-coisas; ou mais precisamente, desse estado de Nada.

Esse 'estado de Nada', a que se atrela a liberdade como elemento essencial do ser do Para-si, revela-se no modo de ser *carente, faltante* deste[126], que o faz ser o que não é e não ser o que é. O ser *é* desejo[127]. 'Que o faz ser', isto é, que o empurra[128] a agir. Mas "toda ação tem por condição expressa não somente a descoberta de um estado de coisas como 'falta de...', ou seja, como negatividade, mas também — e previamente — a constituição em sistema isolado do estado de coisas em consideração" (*id., ibid*.: 539). Em miúdos, "não há estado de fato — satisfatório ou não — salvo por meio da potência nadificadora do Para-si" (*id., ibid*.: 539). A ação, com efeito, é um 'modificar a figura do mundo' em

---

[126] Cf. MATOS, O. *Filosofia: a polifonia da razão*. São Paulo: Scipione, 1997, p. 144: "Não é por uma coisa ser boa que a desejamos: é porque a desejamos que se torna boa. O *desejo* é a verdade do valor, aquilo que lhe proíbe pretender à verdade".

[127] Aqui Sartre se imiscui numa vasta tradição da filosofia moderna, desde Leibniz e Spinoza até Hegel e Freud, a posição da existência no eixo do desejo. (Cf. RICOEUR, P. "Existence et hermeneutique". Em: *Le conflit des interpretations*. Paris: Seuil, 1969.)

[128] Na *Monadologia* (São Paulo: Abril, 1981), a questão de Leibniz já era: como a representação se articula com a *apetição?* Mas é Spinoza, no Livro III da *Ética* (São Paulo: Abril, 1981) que mostra como os graus de adequação da idéia, a partir do que há ação, exprimem os graus do *conatus*, do esforço para permanecer na existência. Na *Fenomenologia do Espírito*, de Hegel (Petrópolis: Vozes, 1992), a dialética do senhor e do escravo, no processo de reconhecimento de si e da conquista da liberdade, dá-se também no eixo do desejo. (Cf. HYPPOLYTE, J. *Genèse et estruture de la* Phenoménologie de l'esprit *de Hegel*. Paris: Aubier/Montagne, 1946 e SANTOS, J. H. *Trabalho e riqueza na* Fenomenologia do espírito *de Hegel*. São Paulo: Loyola, 1993.)

face daquilo que não é e que precisa ser. Porque o Para-si deseja, ele é carente; e porque é carente, isto é, nadificado, age, em busca do que lhe falta. "A ação é por princípio intencional" (*id., ibid.*: 536). Ela se arma e se realiza em vista de algo que se estende para além dela mesma, algo que, nela, como ato do Para-si, encontra-se negado, mas que lhe concerne e a engaja, e que tem de ser representado como possível na própria medida em que é desejável.

É a isto que se relaciona a seguinte afirmação de Sartre: "A consciência pode retirar-se do mundo pleno do qual é consciência e abandonar o terreno do ser para abordar francamente o do não-ser" (*id., ibid.*: 537). Agir é afetuar essa retirada. Ela, a retirada, se dá, como foi notado, sob a égide da negação ou da negatividade. O Para-si *busca* ser o que *não é*, ele se nadifica em seu ser, e esta nadificação é condição básica para que ele, afinal, mas sempre provisoriamente, seja. O fim do Para-si é ser. Ele o busca. Mas chegar a ser é negar-se como Para-si, é coisificar-se; e por isso mesmo o movimento de totalização por meio do qual o Para-si chega a si nunca pode *totalizar-se*, senão sob pena de endurecimento[129]: queda abissal no Em-si; perda de liberdade. Por isso mesmo, para preservar a liberdade que o constitui, e que lhe é própria, o Para-si nunca se encontra. Essa constante perda de si na busca de constituir-se é aliás a essência de sua liberdade, que se põe como condição de possibilidade de toda ação. Com efeito, "uma vez que atribuímos à consciência esse poder negativo em relação ao mundo e a si mesmo, uma vez que a nadificação faz parte integrante do *posicionamento* de um fim, é preciso reconhecer que a condição indispensável de toda ação é a liberdade do ser atuante" (*id., ibid.*: 539-40). Ser livre, assim, é

---

[129] Essa impossibilidade de totalização é a marca indelével da filosofia contemporânea e deita raízes em solo extra-filosófico, desde pelo menos o fiasco da revolução de 1848. Cf., a propósito, ARANTES, P. E. *O fio da meada*. Rio de janeiro: Paz e Terra, 1995 (toda a primeira parte).

ser simplesmente, mas no elemento desconjuntado do Para-si.

Ao que tudo indica, encontramos a definição da liberdade, e sua relação com a ação, numa conjuntura a partir da qual toda definição é impossível. Dissemos, de fato, que a essência do Para-si é a liberdade. "Mas a liberdade não tem essência" (*id., ibid.*: 541). Ela não é um núcleo duro que identificaria o ser e o resolveria num conceito. Justamente ao contrário. Ela é o que escapa a toda identificação. "Não está submetida a qualquer necessidade lógica; dela deve-se dizer o que Heidegger[130] disse do *Dasein* em geral: 'Nela, a existência precede e comanda a essência'" (*id., ibid.*: 541). Isto é, por ser o elemento essencial do Para-si e por não ter, ela própria, uma essência, tanto ela como o Para-si se fazem no *operar* da existência. Não são o que são, mas o que buscam ser; eles são a busca de ser. "A liberdade faz-se ato, e geralmente alcançamo-la através do ato que ela organiza com os motivos, os móbeis e os fins que esse ato encerra" (*id., ibid.*: 541-42). Como esses móbeis, motivos e fins são o que se projeta para além do Para-si e de sua liberdade, no justo momento em que se reconhecem como faltantes, pode-se dizer que, a liberdade, como o Para-si, é ela mesma, em sua impossibilidade de definir-se, nadificação.

Se, com efeito, "a negação vem ao mundo pela realidade humana", então "esta deve ser capaz de realizar uma ruptura nadificadora com o mundo e consigo mesmo". Negar é romper com o repouso. "E tínhamos estabelecido que a possibilidade permanente desta ruptura identifica-se com a liberdade" (*id., ibid.*: 543). Potência nadificadora, portanto, a liberdade é a própria realidade humana em seu modo de ser como sendo seu próprio nada. "Assim, a liberdade não é *um* ser: é o ser do homem, ou seja, seu nada de ser" (*id., ibid.*: 545). Ora, como essa propriedade da 'realidade

---

[130] Cf. HEIDEGGER, 1995, p. 12.

humana' é o que lhe faz lançar-se constantemente para além de seu ser e de sua essência, existir é deixar-se levar pela liberdade. Daí aquela conhecida tirada: "Estou condenado a ser livre" (*id., ibid.*: 543). Porque, ser para si, sou e não sou ao mesmo tempo em que assim me constituo. Sou enquanto me nadifico para ser-mais que o dado de ser que sou – e não quero nem posso ser. Sou assim para não ser "Em-si". A nadificação, como se vê, opera no interior do Para-si, de modo a, distinguido-o do Em-si, caracterizá-lo como liberdade[131].

---

[131] É desse modo que toda ação é possível. E de nenhum homem se pode dizer que não é livre. (Cf. SARTRE, J-P. *O existencialismo é um humanismo.* São Paulo: Nova Cultural, 1984.)

11

O romance como aprendizado do grito

*Das entranhas
nasceu aquele
que as entranhas
decifrará.*

F. Paixão

Forma objetiva

O romance *Os que bebem como os cães*, de Assis Brasil [132], em matéria de ficção como crítica da realidade (e de nós mesmos como implicados na realidade), é, indiscutivelmente, um dos produtos da literatura brasileira pós-64 mais vigorosos e contundentes.

É preciso, contudo, que expliquemos pelo menos o porquê de ele ser "contundente" e "vigoroso". Quando falamos em vigor, queremos assinalar a eficácia do escritor, ao elaborar

---

[132] BRASIL, A. *O ciclo do terror*. Rio de Janeiro: Nórdica, 1984. (Contém os seguintes romances: *Os que bebem como os cães, O aprendizado da morte, Deus, o sol, Shakespeare e Os crocodilos*.)

sua narrativa de modo a não ceder a pressões externas que, quando satisfeitas, muitas vezes engendram apenas a superfície de uma experiência, a que outros chamam de mediocridade. A isso também se liga o fato de ser este livro "contundente", pois ao criar a situação aparentemente "estranha" vivida por seus personagens ele na verdade articula certo modo de ver e pensar o mundo que constitui por si mesmo um mergulho em profundidade no significado de ser gente nas circunstâncias de um limite: a ausência de liberdade. E isto, claro, não mediante um tratamento direto e exclusivo do tema, mas pela própria organização artística da matéria de ficção por ele escolhida. Com efeito, ao meditar sobre sua composição ficamos inquietos com a terrível monotonia de capítulos ordenados sob três inamovíveis rubricas: "a cela", "o pátio", "o grito". O romance, ao que tudo indica, configura-se de tal maneira que de sua estrutura podemos haurir alguns elementos capazes de nos fazer pensar criticamente certos traços da realidade brasileira. Além de vigoroso e contundente, ele é também relevante.

A narração se desenrola na *mesma* proporção em que nada acontece, girando, sob a experiência caótica de um tempo que não se deixa apreender, no eterno retorno da cela e de sua escuridão, do pátio e de sua pequena e vigiada liberdade, contra os quais apenas o grito se mobiliza, grito, por seu lado, *curiosamente elidido* no final do romance. Aliás, é esta elisão o que vamos procurar entender aqui, pois nossa reflexão ganha corpo apenas através da conquista paulatina dos motivos pelos quais isso acontece. A propósito, a epígrafe do livro adianta explicitamente que a configuração do caos na ordem da narrativa e a insistência de movimentos repetitivos no ciclo da 'cela' e do 'pátio' (com 'o grito' surgindo, sempre, como única via de ruptura) encontra seu sentido mais concreto na própria dinâmica da história recente do país, frente à qual, menos que um reflexo, o romance se constitui como uma reflexão crítica geradora de lucidez, conseguida via uma árdua aprendizagem dos signos. Diz a epígrafe de Ernesto Sábato: "A verdade histórica está muito mais na novelística do que no próprio relato dos fatos que constituem a história reconhecida como tal".

O poder da literatura de revelar "a verdade histórica" realiza-se aqui muito mais no próprio ritmo da narração, tortuoso e torturante, que em algumas falas soltas que o narrador põe na boca do personagem principal, falas de revolta e desespero, como a dar pistas afinal do momento efetivamente histórico em que o enredo se desenrolaria de fato. *Os que bebem como os cães* foram publicados pela primeira vez em 1975 e a década de 70, como todos sabemos, fora a fase realmente "terrorista" da ditadura militar brasileira. Como, porém, nada do enredo indica uma época precisa (o tempo configurado pelo romance é, como se disse, um tempo caótico, em fagulhas, sem qualquer unidade ou precisão), é possível afirmar, como já se fez[133], tratar-se de uma "fábula universal", válida para todas as épocas, a denunciar a inumanidade da tortura – o mal absoluto – e a dizer que sempre caberá à dignidade do homem encontrar um meio de resistir, ainda que entre ratos, como é o caso neste romance. Se com efeito ele se detivesse em descrever as coisas tais como se deram por volta da década de setenta, talvez corresse o risco de beirar o panfleto ou, quando muito, o documento, mas, ao contrário, o que o romance nos mostra é uma tentativa de apreender em seu movimento essencial a dinâmica desta ditadura e o seu significado para o país[134].

---

[133] Essa foi, com efeito, a interpretação de Emanuel de Moraes, no posfácio ao livro em questão: "Para quem não respeita a humana condição". Em: BRASIL, 1984, p. 159.

[134] Talvez até no mesmo sentido em que fala Roberto Schwarz da composição literária no romance de Machado de Assis. Cf. SCHWARZ, R. "Complexo, moderno, nacional e negativo", em: *Que horas são?* São Paulo: Companhia das Letras, 1997, p. 115.

Se, de fato, nele nada acontece, além da ida ao pátio, da volta à cela e do movimento dos guardas (de quem só conhecemos as botas, trazendo no anonimato o alimento e deixando-o na cela por meio de uma portinhola, impondo ordem e silêncio), talvez se pudesse dizer que isso ocorre para replicar, no nível da estruturação da narrativa, certa estrutura sócio-econômica vigente na formação da história do país. Isto é, se a formação sócio-econômica do país é marcada por um movimento peculiar de um peso e duas medidas, ou melhor, de um progresso e dois retrocessos, pode-se dizer que tudo o que no país está acontecendo por essa época sob o alarde de progresso, as mil invenções do milagre econômico e da modernização, se ocorre à custa da cessação da liberdade e outros bens de cidadania, então, feitas as contas, nada de fato acontece de significativo. A história factual, comprometida com os poderes estabelecidos (ou ingênua), ao descrever os anos setenta brasileiros teria muitas cifras e muitas construções gigantescas a contar; as cidades cresciam, hidrelétricas, estradas e eletrodomésticos eram construídos, o país caminharia em sua marcha rumo ao futuro. É dessa época, a propósito, aquela música da seleção brasileira de futebol: "mais de vinte milhões em ação, pra frente Brasil, salve a seleção". Em contrapartida, ao insistir na torturante repetição de capítulos que se revezam ora chamando-se 'a cela', ora 'o pátio', ora 'o grito', tudo passaria como se marcha nenhuma houvesse, ou que a marcha para o futuro, num país em que aquela fábula do romance não estava tão longe da realidade, era antes na verdade uma antimarcha. A própria estruturação da narrativa funcionaria, assim, como contraponto crítico da realidade vigente[135].

---

[135] Sobre a correlação por assim dizer estrutural entre a ordem interna do romance e a ordem social exterior, cf. CANDIDO, A. "Dialética da malandragem", em: *O discurso e a cidade*. São Paulo: Duas Cidades, 1997.

Se assim for, pode-se dizer que o romance é enfadonho (em muitos pontos é, deveras, insuportável), mas o país no qual surgira não o era (ou não o é?) menos. Também não é por acaso que o livro comece com a frase "A escuridão é ampla e envolvente". Somos tentados a dizer que a frase exprime um sentimento de mundo que englobaria a própria situação histórica do nosso país: a escuridão, as trevas de uma nação sem "esclarecimento", entorpecida pelos reclames propagandísticos, sem outra consistência senão a de perpetuar o atraso de uma população analfabeta em massa. Envolvente, ainda, porque ela se imiscui neste estado de menoridade e tutela como uma sua segunda natureza, como diria Kant. Todavia, logo saberemos que se trata da escuridão envolvente da cela de uma prisão. Talvez, assim, a interpretação acima seja demasiadamente deslocada do texto. Mas, por outro lado, quem duvida de que a própria prisão não seja uma metáfora do Brasil?

Com efeito, a ampla e envolvente escuridão da cela é, como veremos, também a escuridão da mente do próprio personagem, que de nada se lembra, encontra-se lançado num micromundo no qual só lhe resta uma única coisa, seu corpo ferido e humilhado. Por outro lado, quando se refere ao possível 'lá fora', onde quiçá existisse luz, que seria o país-exceção, deixa entrever o aspecto problemático deste 'lá fora' (o problemático, entendamos, sendo aquilo que só existe na idéia, nada de exterior lhe correspondendo): "O que existirá lá fora? o que é esse *lá fora?* ", pergunta o personagem. O que nos faz crer que a escuridão, realmente ampla e a tudo envolvente, é a regra geral. Pois mesmo a única zona de exterioridade que o romance configura, o pátio, não deixa de suscitar problemas. O narrador e/ou o personagem (o romance é narrado em terceira pessoa com freqüentes incidências de monólogo interior) chama-o ironicamente de 'pequena liberdade'. É nele que se dá a aprendizagem dos signos, é dele, isto é, dos outros homens em farrapos que, silenciosos e taciturnos, o freqüentam, sob as mesmas condições de censura e ameaças, que o personagem principal haure as palavras com as quais aos poucos forma frases, frases que tocam no fundo da memória e desencadeiam o processo de tomada de consciência. Mas o pátio é cercado pelo muro branco. A pequena liberdade que proporciona é falsa, e mesmo a luz que fornece, ao que tudo indica, é artificial. O que nos faz acreditar que este 'fora' é também 'dentro'[136], e mesmo o personagem, cujo nome próprio só descobrimos quase no final do romance, não ocupa o lugar de um só homem, mas de uma classe, digamos, a dos oprimidos.

A única coisa realmente verdadeira no meio daquele conjunto de artificialidade e ilusão, isto é, naquela pseudo-liberdade sarcasticamente designada "pequena liberdade", o pátio, é o grito, emanado pateticamente de bocas entorpecidas e desumanizadas. O grito, sistematicamente evitado, ordenadamente vigiado, severamente punido: "O grito era a única realidade ali – um desabafo, um reequilíbrio de emoções, uma esperança, o sinal de uma vida já vivida". E é ao descobrir isso que o personagem deixa-se instruir por ele. Até que ninguém mais restasse para lhe fazer eco, até que ele próprio se imolasse no altar que era o muro, no muro que era um livro, feito de sinais de sangue, último gesto expressivo e significativo, derradeira forma de resistência.

O discurso ficcional

Os que bebem como os cães, embora não seja, como poderia sugerir seu título, um livro sobre a embriaguez ou o alcoolismo, comporta de fato o tema da intoxicação criminosa como um dos vários elementos de tortura nele

---

[136] Sobre a relação entre o "dentro" e o "fora" do texto narrativo cf. RICOEUR, P. *Tempo e narrativa*, I. Campinas: Papirus, 1994, p. 117.

elencados. A sopa servida na cela ou a água do tanque, os leitores hão de lembrar, parecem vir com alguma substância alucinógena que perturba a consciência dos personagens e dificulta o acesso a uma experiência sensata do tempo. O livro, na verdade, que tem sua encenação numa prisão deveras estranhíssima, é antes a história de um processo de libertação pela lucidez, ou pela ascensão a ela por meio das palavras. Questões como o da liberdade, da constituição de si, da linguagem como dignificação do homem e da interdição do livre pensamento como violência são problemas que a análise do texto levanta sem muito esforço. Essas questões nos ocorre quando acompanhamos, na leitura, os movimentos da narração, pelos quais o narrador/personagem deixa entrever sua compreensão do mundo.

Assim, o constante retorno à 'cela', depois de revisitar o pátio e dar seu grito é o momento reservado à reflexão. É principalmente aqui que podemos depreender o discurso ideológico nas dobras do discurso de ficção[137]. O grito ensina uma palavra; a palavra provoca o corpo, e é das sensações do corpo que surgem as lembranças, que paulatinamente lhe restituem uma identidade (*SMA*, 180-198). Mas a função que o corpo desempenha aqui é ainda outra: única coisa possuída no início do romance, é o elemento da natureza, posto como ponto de partida da humanização; porém, com a tomada de consciência de sua situação, ao fim o corpo por assim dizer se historiciza e, neste sentido, é também um ponto de chegada, como veremos.

Desde o primeiro capítulo, a relação entre o corpo e o ambiente é explicada, não sem incômodo para o leitor, por uma pretensa sabedoria da natureza: "a natureza é sábia", diz o personagem que, entretanto, não sabe de nada. O

---

[137] Cf. a respeito LIMA, L. C. *Sociedade e discurso ficcional*. Rio de Janeiro: Guanabara, 1986, pp. 360ss.

incômodo está justamente aí. Vemos um homem lançado num calabouço, sem qualquer memória, sem qualquer certeza, sem possuir sequer vocabulário, e que não obstante *explica* sua realidade: entra em contato com o mundo porque a natureza assim o quis e assim o providencia. Tudo se passa como se tratasse de um mero animal. Com efeito, recorrer à natureza como explicação é como que permanecer num nível de consciência quase vegetativo ou animal, ainda que paradoxalmente a explicação venha de um "homem".

Outro aspecto incômodo, do ponto de vista literário, mas não só, é a rapidez com que o personagem reconhece o significado de 'Deus'. Como sabemos, ele se encontra desde o início do romance desprovido de toda consciência, não sabe se está cego ou se a escuridão é que é extrema, não tem a noção de se é dia ou noite, não desconfia da quantidade de tempo em que tem estado ali desde que entrou; os dias passam sem que reconheça a passagem dos dias; o tempo enfim lhe escapa como algo precário ou rarefeito; inescrutável. De quase nada adianta todo o esforço de sua concentração, para apreender de sua situação alguma noção de tempo. Cada vez, antes de ser capaz de alguma medida temporal, é surpreendido. E volta à ignorância inicial. Ao dirigir-se ao pátio, porém, tem a chance de, lá, entrever seus companheiros e aprender com eles algumas palavras. "O próprio gesto do grito representava a esperança", cogitava. Aprende o nome 'mãe' e outros nomes de mulher, o que lhe dá pistas sensitivas para reconhecer que também ele teve uma mãe, uma filha, uma esposa. São vestígios de que algo como o amor existiu em sua vida. Deve examinar, na solidão de sua cela, o que isto significa. O pátio, neste sentido, é o espaço da experiência de certa liberdade, na qual se dá a aprendizagem possível, amadurecida no recolhimento da cela: "Pensou no pátio como a amostra de uma pequena liberdade. Liberdade. Mais uma palavra que traía o pensamento ou vinha de região onde a linguagem lógica não alcançava". O conhecimento encontra-se, ainda, no nível da sensação. O aprendizado do signo 'Deus', porém, possui uma apreensão excessivamente imediata: se as outras palavras eram sentidas como pedras com as quais construiria o edifício de sua vida na prisão, com a palavra Deus "chegara a argamassa, o que poderia unir tudo, dar-lhe consistência". E mais adiante diz literalmente: "E não foi difícil – como das vezes anteriores em relação às outras palavras – identificar nesta agora o seu verdadeiro valor": a firmeza de propósito e o ânimo para continuar a resistir.

Então, seria Deus a saída, o ponto de solução onde consciência e mundo se encontrariam? Não seria difícil receber a impressão de que o romance se desmoronaria do ponto de vista artístico (mas não só) se terminasse aí, pois o incômodo da imediação com que Deus é apreendido se desdobraria na inconsistência de uma ideologia religiosa como salvação dos males humanos. A revelação de Deus, entretanto, se dá por volta da quadragésima quinta página, o romance possui cento e cinqüenta. Do que se pode depreender que o recurso a Deus é uma dentre outras formas de mediação, a mais fácil aliás, porém também a menos consistente. Prova-o o fato de o livro continuar, e adiante passar a identificar o Deus como um dos ratos que visitam a cela. Com efeito, na página oitenta e seis ele lembra: "Eu batizei o ratinho com o nome de *Deus*, e ele sabe tudo". Este recurso de identificar Deus e rato, se pode causar repulsa a um leitor crente, por outro lado elabora, no romance, uma nova mediação discursiva, a partir da qual o personagem se aproxima um pouco mais da lucidez. É o que registra o narrador: "O seu *Deus*, ali na cela, também era falso, irreal – quebrara o seu mistério, a sua destinação afetiva. (...) O seu *Deus* era falso – o escuro da cela era falso, a claridade do pátio – e novamente voltava a pensar no grito dos homens, os nomes familiares ou não, que podiam sustentar além da necessidade física". Ao concretizar Deus no rato e, em seguida, perceber o animalzinho como dependente, relativo, não-absoluto, percebe também o ilusório deste recurso, e, para além do animal e do sobrenatural, volta sua atenção ao propriamente humano. Somente o grito, isto é, a linguagem, permite estender os limites do corpo: 'sustentar além da necessidade física'. A partir daí se inicia a humanização do corpo e a tomada de consciência histórica.

Sem dúvida o leitor deve se recordar de que, a partir de certo momento, não são mais os 'companheiros' do protagonista que gritam e lhe ensinam com as palavras gritadas, mas o próprio personagem é que mantém o costume (o *ethos*) ou a praxis[138] do grito, chegando mesmo a formular frases: "Vivam, homens!". O grito, ao manifestar preocupação com os outros, transforma-se em comunicação: torna-se compromisso com a "humanidade". Ele permanece gritando exatamente porque os outros não gritam mais, porque, pensa, sucumbiram às ameaças, enfurnaram-se no silêncio. À medida em que o tempo passa, porém, não só os gritos vão se escasseando como também os próprios prisioneiros. Aos poucos percebemos que a lição muda de tom, radicaliza-se. Mas é ainda o protagonista quem aprende. Os homens inventaram um jeito de cortar seus pulsos e decidir-se pela morte, última forma de resistência, e salvação. Aos poucos ele percebe que o incentivo dado para que eles vivam não corresponde à melhor das opções. Aos poucos percebe que ainda resta algo mais a aprender, e são os homens em farrapos quem continua a ensinar. "O homem que sangra – a sua lucidez, o seu bem-estar na dor. O equilíbrio das emoções, um alvo a atingir, a fuga honrosa, digna – não a desistência, a renúncia – eles deixavam a sua

---

[138] Sobre a relação entre ethos e praxis, cf. VAZ, H. C. de L. *Escritos de filosofia*, II. São Paulo: Loyola, 1988, pp. 80ss.

marca com sangue, eles atingiam o muro de pedra". O suicídio fala, é idioma. As marcas de sangue deixadas no muro onde arranham os pulsos até o esfacelamento são sinais, signos a serem decifrados, coisa significante, linguagem – uma outra forma de negar o silêncio e superar o estado subumano de tutela. A morte, *significante*, é a consumação de uma liberdade.

Até a decisão maior, entretanto, todo um processo de reconhecimento de si se elabora. Quando o corpo se dá ao muro já não é mais uma natureza que sabiamente intervém, mas um ser histórico, alguém que sabe seu nome e de onde veio e porque está ali. "Mas já adquiria uma outra natureza ali: a de estirar os pensamentos". É o corpo e suas memórias, o corpo e seus afetos, o corpo e seus compromissos, o corpo pensante. Ao gritar "Companheiros, viva o muro!" toda uma consciência esplende nessas palavras: o suicídio como opção pela dignidade. O discurso, agora em plena lucidez, pode inclusive pensar-se a si mesmo: "A obra de arte não deve se submeter ao real", diz em letras garrafais, acrescentando: "A arte também não deve fugir ao real". A passagem da natureza à história, mediatizada pelo corpo (e a linguagem), é o próprio percurso do romance em sua tarefa de configurar o mundo, com a radicalidade de uma visão crítica[139].

A identidade narrativa como experiência hermenêutica

As marcas de sangue no muro, como compreende o protagonista, são "manchas simbólicas, o último e prolongado apelo". Assim, tudo se passa como se a constituição de si a que se submete o personagem fosse um exercício para

---

[139] Cf. RICOEUR, P. *Du texte à l'action*. Paris: Seuil, 1986, p. 129.

este último ato, ato justamente simbólico, isto é, linguageiro e, neste sentido, *comunicativo*, humano. Dizíamos, com efeito, que o livro era a história de um processo de libertação pela lucidez, pelo acesso à consciência de si mediatizado pela aprendizagem dos signos. O grito, afirmávamos, ensina uma palavra; a palavra provoca afetivamente o corpo, e das sensações do corpo surgem as lembranças, que paulatinamente lhe restitui uma história, uma identidade, uma consciência de si mesmo. É esta identidade, conseguida no decorrer da narração, que devemos determinar agora.

Como o homem se faz? Como se destaca das imediações da natureza até atingir uma consciência de si e da história? Salvo engano, parece ser a estas perguntas que o livro se elabora como resposta de mais amplo alcance. Da precariedade do corpo anônimo e sem consciência, metido em uma experiência caótica do tempo, passamos, por um esforço contínuo de apreender os cacos da realidade insinuados no meio do clima de irrealidade e absurdo da prisão, clima ao que tudo indica forjado pela aplicação de tóxicos seja no alimento ou na água servidos pelos policiais sem rosto, passamos ao reconhecimento do nome próprio, das experiências passadas, da recordação do que tinha sido no passado, de seu lugar social, de seus desejos e compromissos, de suas lutas e de sua indignação contra o intolerável. Trata-se, ficamos sabendo no final do romance, de um professor de arte, Jeremias, preso no dia de seu aniversário, furtado ao convívio familiar, interrogado e torturado até a lavagem cerebral, até a perda total de sua identidade.

A reconquista de si, dizíamos, dá-se paulatinamente. Primeiro ele fica sabendo que no pátio os outros prisioneiros gritam. Então descobre no grito o sinal de esperança. Em seguida vêm os nomes de mulher. Experimenta a vaga sensação de que amou e foi amado. Como a aprendizagem não pode acontecer sem um mínimo de liberdade, e como aprendeu essas coisas no pátio, concebe este último como uma 'pequena liberdade'. Tem, portanto, como fios iniciais para a constituição de si, a esperança, o amor e a liberdade. "Ia construindo o seu vocabulário – e já de posse dessa trilogia sensível, dispôs-se a tecer a teia de sua vida ali". A narrativa vai deixando claro que o fazer-se homem define-se como o apropriar-se da linguagem, o amparar-se nela. "Tinha que se apoiar nela, como uma aranha seu – apoio e sua defesa, seu abrigo".

As palavras são chaves para a abertura do passado; mediante elas o apreendemos, e mediante sua apreensão nos redescobrimos tal como somos, o que somos, como chegamos a ser o que somos. E também aprendemos para onde ir. A última lição dos prisioneiros, as marcas de sangue no muro, exigia ao mesmo tempo uma decisão e uma completa conquista da consciência. "No princípio quisera apontar aos homens o caminho, para resistirem, para viverem. Agora eles lhe apontavam o caminho para desistir e morrer". Com a diferença de que morrer, agora, era uma outra aprendizagem: a da ação saturada de sentido. "As manchas simbólicas, o último e prolongado apelo". O suicídio surge como uma "ação sensata", e não como um gesto inconseqüente. Ele é cometido como uma coroação da lucidez; e a prova disso está em que seu fim é formar um texto, o do muro ensangüentado. Não é, portanto, à toa que o livro, no fim, não possua um capítulo intitulado 'o grito', como vinha sendo feito.

O texto nos dá ainda outras indicações de que é pela recordação do passado que nos reconquistamos como seres conscientes: abrir na imaginação o baú da mãe (não seria a mãe a tradição, e o baú seu tesouro de símbolos?) é reencontrar um mundo antes encoberto, é desvelá-lo e, com isso, encontrar-se a si mesmo. Este episódio do baú toma aqui uma significação central: "Fechou os olhos e se concentrou no último pensamento: o baú da mãe, que deveria conter toda a história da família – precisava encontrar uma pista para saber por que estava ali". A busca dos motivos de estarmos assim tal como estamos não é na verdade o motor da pesquisa histórica?[140] Na medida em que o personagem se adentra no baú imaginário, a memória se aflora com mais nitidez. E na medida em que ele vai se reconhecendo vai também encontrando um sentido para sua auto-imolação. Foi, aliás, somente quando se decidiu juntar-se à última ação significativa dos outros companheiros, que "teriam seguido o seu mesmo itinerário na busca e na descoberta", que pôde tomar contato concreto com o passado soterrado no esquecimento. Por quê? Porque "o sangue redime do passado vago". O sangue, bem entendido, como marcas simbólicas no rosto do muro. O que prova uma vez mais que o homem chega a si, conscientiza-se, por meio da linguagem saturada de história, pois de fato cada mancha de sangue estampada no muro era o sinal de uma vida completa que por ali havia passado.

O sangue como marca, vestígios; o grito como linguagem. Percebemos isso como a única realidade efetiva dos prisioneiros, como o momento em que fugiam às rédeas do controle e da censura, como inserção na liberdade pelo uso da linguagem. O grito é a resistência a permanecer na subumanidade dos que bebem como cães. Se o grito, dizíamos, fora elidido no final do romance, sua elisão não se deveria compreender pelo excesso de sentido que passam a ter as marcas de sangue no muro? Quanto a isso, nada permite dúvida. Mas há ainda outra nuança que dificilmente escaparia ao leitor de boa vontade: o romance, esse discurso configurado, esse conjunto de frases, não seria ele próprio um grito no pátio que é o nosso país, como que a nos instigar a uma tomada de consciência (não, decerto, para nos suicidarmos, mas justamente para evitarmos que seja esta a

---

[140] Cf., por exemplo, a obra de Sérgio Buarque de HOLANDA, notadamente *Raízes do Brasil*. São Paulo: Companhia das Letras, 1996.

única saída possível de libertação e lucidez)? Se pudéssemos pensar dessa maneira, não poderíamos dizer ter sido elidido o último grito para que, numa espécie de último lance da *mímesis*, o romance (ele mesmo um grito, agora apropriado pela experiência da leitura) fizesse do leitor um eco dele mesmo, do romance?[141]

---

[141] "A narrativa", diz Ricœur, "exercita mais a imaginação do que a vontade, embora continue sendo uma categoria da ação. É bem verdade que essa oposição entre imaginação e vontade se aplica de preferência àquele momento de leitura que chamamos de momento da estase [momento da recepção]. Ora, a leitura, acrescentamos nós, comporta também um momento de missão: é então que a leitura se torna uma provocação a ser e a agir de modo diferente." (Cf. RICOEUR, P. *Tempo e narrativa*, III. Campinas: Papirus, 1997, p. 428.)

12

Filosofia e literatura*

O filósofo Benedito Nunes tem dedicado sua vida ao ensino e pesquisa na área de filosofia e literatura. Foi aluno de Merleau-Ponty e Paul Ricœur, na França; estudou Husserl, Heidegger e Sartre; foi professor na Universidade Federal do Pará e tem publicado em várias editoras importantes livros como *O dorso do tigre, No tempo do Niilismo, Passagem para o poético, Crivo de papel e Hermenêutica e poesia*. São obras que, para dizer o mínimo, nos brindam com um estilo sóbrio, vigoroso e sereno. Mas, além de, como poucos, ser capaz de falar do difícil Heidegger numa linguagem tão precisa e rigorosa quanto acessível ao comum dos mortais, talvez outro grande mérito de Benedito Nunes seja o de nunca ter perdido a noção de que fazer filosofia não é só dialogar com os grandes pensadores europeus, mas dialogar com eles sem perder a perspectiva da necessidade de pensar o Brasil e pensar *no* Brasil; não decerto inventando uma "filosofia brasileira", que talvez não exista e até certo ponto poderia ser um contra-senso, já que é pretensão da filosofia ser universal, mas explorando as vicissitudes filosóficas de nossas melhores produções intelectuais.

É neste sentido que Benedito Nunes opera a aproximação da literatura à filosofia. Esta aproximação não se dá,

---

* Texto apresentado como conferência em uma mesa redonda na XII Semana de Filosofia da UFRN, em outubro de 2002.

com ele, no sentido de questionar o alcance cognoscitivo da filosofia, mas de trazer à tona as possibilidades pensantes da literatura. Nosso filósofo não deseja dissolver a diferença de gêneros. A literatura permanece colhida em sua especificidade, mas em vista do que ela *dá a pensar*, e a filosofia não perde em nada quando se desenvolve e se nutre da exploração literária, ao contrário, ganha inclusive certa espessura que faz dela algo mais concreto, mais perto da vida e da experiência humana como tal, bem mais do que tradicionalmente aparenta ser – bem mais que uma mera abstração das coisas que realmente importam. Trata-se, para ele, de estabelecer uma "ontologia da questão", segundo uma expressão tomada a Gilles Deleuze em um texto já antigo, mas também saboroso, publicado no livro organizado por Luiz Costa Lima, *A teoria da literatura em suas fontes*[142].

Esse texto é composto de um modo que, ao perfazer-se em sua extensão, forma um círculo: começa com uma breve situação histórica do problema da fronteira entre literatura e filosofia e, depois de fazer a travessia pela qual a linguagem literária (no caso o romance *Grande sertão: veredas*) extravasa sua potencialidade pensante e se atualiza em questionamento de alcance filosófico, volta ao começo e, a partir do resultado dessa travessia, que é o núcleo de sua posição, sugere algumas coordenadas para se continuar pensando as relações "filosofia & literatura". A história desse problema – lembra nosso Autor – começa com Platão[143] e sua discriminação da poesia – arte de "imitação" do sensível e, nesta medida, situada três graus abaixo da

---

[142] Cf. NUNES, B. "Literatura e filosofia (*Grande sertão: veredas*)", em: COSTA LIMA, L. (Org.) *A teoria da literatura em suas fontes*. Rio de Janeiro: Francisco Alves, 1983, pp. 188-207.

[143] Mais recentemente, Benedito Nunes voltou a fazer a resenha dessa história, num texto muito instrutivo que vale a pena conferir. NUNES, B. "Filosofia e literatura", em: *No tempo do niilismo e outros ensaios*. São Paulo: Ática, 1993, p. 191.

verdade... – em nome da filosofia, ciência do inteligível e, nesta medida, encontro direto com o verdadeiro[144]. Se, contudo, em Platão a coisa se põe em termos de verdade e mentira, com a estética moderna e, mais precisamente, com Hegel, a oposição é matizada e a poesia, "a mais espiritual de todas as artes", já não é o falso a que se contrapõe o verdadeiro da filosofia, mas o ponto imediatamente anterior à verdade filosófica. Manifestação sensível da idéia, o belo de que a poesia é portadora não é, decerto, o campo da filosofia, mas nem por isso é menos verdadeiro.

Ora, ao partir da convicção de que "refletir filosoficamente é sempre colocar o objeto sob a multiplicidade dos nexos que o sustentam" e que no trato da filosofia a obra literária deve ser "considerada como forma" (cf. Nunes, 1983: 192), Benedito Nunes inicia o estudo do romance de Guimarães Rosa com o cuidado de tornar ativas três perspectivas que se destacam e se consumam mutuamente: "a) a linguagem; b) as conexões da obra com as linhas do pensamento *histórico-filosófico*; c) a instância de questionamento que a *forma* representa, em função de idéias problemáticas, isto é, de idéias que são problemas *do* e *para* o pensamento" (*id., ibid.*: 192). Essas três perspectivas, apresentadas sucessivamente, devem, contudo, formar, na experiência do leitor, um reencontro com o romance em sua complexa e densa unidade. O que significa que devemos vê-lo, ao mesmo tempo, como literatura e como filosofia. E, o que é mais importante – no caso – literatura e filosofia que se açambarcam na história.

Com efeito, como já veremos, é a história (e a temporalidade nela inscrita) que faz a vez de juntura entre filosofia e literatura no interior do romance. Sem explicitar-se, a história já se faz efetiva no próprio trabalho, desenvolvido pelo

---

[144] Cf. sobre este assunto WIND, E. "Sobre a filosofia da arte de Platão", em: *A eloqüência dos símbolos*. São Paulo: Edusp, 1997, pp. 47-72.

nosso Autor, de escavação das formas de linguagem utilizadas na textura narrativa do *Grande sertão: veredas*. A história aí se insinua não só no sentido de que esse trabalho releva das tarefas de uma história da literatura, como também no sentido de que elas mesmas, as formas de linguagem, enquanto são criadas, possuem sua própria historicidade, ainda que sejam, como as chamadas "formas simples" anteriores à história literária, "pré-históricas". Essas formas, a Lenda, a Saga, o Mito, a Adivinhação (Charada ou Enigma) e mesmo o Caso, são fabricadas, cultivadas e interpretadas. Ora, "tudo o que é criado, fabricado e interpretado é denominado pela linguagem" (*id., ibid.*: 193) e a linguagem, segundo o autor que tanto inspira o nosso crítico – Heidegger[145] – é a fundação mesma da historicidade.

Ao tratar de uma ou outra dessas formas de que é composto o "romance polimórfico" de Guimarães Rosa (o Caso e/ou o Mito), já não é só a história que se faz discretamente presente nas preocupações do nosso analista; as próprias "questões" filosóficas desempenham então algum importante papel. É um exemplo a relação entre o Bem e o Mal no tratamento do mito do Pacto com o Demônio, que Riobaldo, personagem-narrador do romance, teria executado. Este mito, diz nosso filósofo, "excede, em *Grande sertão: veredas*, o limite da forma simples respectiva, expressão que é (...) de uma disposição mental ou de um gesto verbal, que cria, entre pergunta e resposta, um objeto de conhecimento absoluto" (*id., ibid.*: 195). Com efeito, diz ele ainda, "o aproveitamento do mito sobredeterminante do epos, do ciclo de aventuras narradas, é indissociável da indagação sobre a existência do demônio, do Mal em si, e de seu oposto, Deus – contraponto que incessantemente se retorna" (*id., ibid.*: 198).

---

[145] Cf. HEIDEGGER, M. *Approche de Hördelin*. Paris: Gallimard, 1962, p. 46: "Para que a História seja possível, é necessário que a linguagem seja dada ao homem".

Mas poderoso em recursos como é esse grande romance, ele não sugere apenas de seu uso dos mitos e casos temas filosóficos; há ainda, no interior da narração, um diálogo com a tradição da história da filosofia que o nosso filósofo, porquanto crítico, não deixa de apontar. É o que ele chama de "conexão" entre *Grande sertão: veredas* e "determinadas linhas do pensamento histórico-filosófico". Esse diálogo põe explicitamente agora em cena filosofia e história, dessa vez a sua história. "A reflexividade dominante da narração, isto é, do processo narrativo, do discurso como tal, entrança metáforas que são *topoi* do pensamento" (*id., ibid.*: 200). Heráclito, Agostinho, Plotino e a tradição hermética são entrelaçados num jogo de claro/escuro que a narrativa engendra para tecer, com maestria, um tecido metafísico ao qual o próprio narrador chama de "Sertão", onde reiteradamente se diz que "viver é muito perigoso". O Sertão metafísico é o grande espaço de errância no qual o homem se perde e se acha.

É, com efeito, nesse ponto que Benedito Nunes vê o alcance propriamente filosófico do romance: "Essa realidade problemática e onipresente da existência humana e do mundo interligados, em que o sertão regional se transforma, corresponde ao repetido motivo, que alenta a reflexão, do *viver perigoso*" (*id., ibid.*: 201)[146]. A conjunção harmoniosa de procedimentos literários e temas filosóficos cria, na experiência da leitura, um processo que vai desde o envolvimento com o mito que nos entretém em sua trama até à indagação reflexiva, "que nos entrega a um *ethos*, quer dizer, à inquietação ética ou a uma ética da inquietação, e não a um código moral" (*id., ibid.*: 202). Em outros termos, com essa formulação o crítico, muito bem amparado, dá o salto

---

[146] Cf. PRADO Jr., B. "O destino decifrado. Linguagem e existência em Guimarães Rosa", em: *Alguns ensaios*. São Paulo: Paz e Terra, 2000, p. 173.

necessário em direção ao produto filosófico gerado no interior do romance, e a que ele chama, justamente, de "ética da inquietação".

Para Benedito Nunes seria então "prática" a dimensão filosófica do romance? Mas a inquietação gera a interrogação, e, como costumo dizer, ninguém se inquieta na eternidade. O romance, agora compreendido como pesquisa[147], sabe muito bem disso. Assim é que o crítico busca alcançar o núcleo temporal no qual a existência ganha espessura em seu *ethos* da inquietude. "Os três tempos – o passado, o presente e o futuro – formam um só tempo que se distende, um só processo de *temporalização*, que conflui com o processo da própria narrativa. As carências do narrar – e a sua forçosa necessidade – as carências desse contar dificultoso de Riobaldo, se desdizendo, depondo em falso, procurando o essencial e encontrando o acidental, dando o verdadeiro como plausível; todo esse contar ansioso do narrador em busca de si mesmo, que é contudo a única maneira que lhe permite ver e saber, alcançar a matéria vertente na retaguarda dos fatos, dar formato à vida, reunir e coligir o possível e o impossível, retraçar a ação e compreendê-la; toda essa penúria e toda essa força do narrar – depende do tempo como movimento da existência finita em seu cuidado e em sua inquietude" (*id., ibid.*: 203). É dessa experiência com o tempo que surge "a verdade romanesca". O tempo, objeto eminente da filosofia e a própria essência da história, é produzido pelo romance ao produzir a narrativa e, nesse processo, inventa a experiência na qual o homem, de frente com a verdade, conhece a si mesmo e ao mundo.

A inquietude própria dessa experiência é o que afinal nos empurra às questões que devem ser feitas. Assim, a conexão entre literatura e filosofia dá-se pelo viés dessa

---

[147] Cf. BUTOR, M. "Le roman comme recherche", em: *Repertoire I*. Paris: Vrin, 1962.

instauração da inquietude, que gera o questionamento e faz do romance, mais do que fronteira – fonte de filosofia: teórica e prática. Neste ponto, o texto do nosso Autor se curva em direção ao seu próprio começo, como dissemos, e junta as pontas de sua análise, recordando as atitudes da filosofia face à literatura, atitudes registradas pela história, e assinalando nossa própria situação atual, brasileira e mundial, que é de perplexidade: para além da discriminação platônica a relegar a literatura à região da mentira, e para além da "colher de chá" dada por Hegel ao situar a poesia ao lado da filosofia, temos a indagação, adiantada por Nietzsche, sobre se "a filosofia é uma arte ou uma ciência". Mais inquietações. Ora, não é por acaso que Benedito Nunes seja também o autor de *O drama da linguagem*, talvez o maior e melhor estudo sobre a obra de Clarice Lispector, essa outra inquietante escritora, de quem também ele foi amigo pessoal. Relacionando filosofia e literatura, nosso Autor, mais do que crítico literário, preconiza um modo de pensar todo próprio, o qual poderíamos chamar uma filosofia da inquietação.

A literatura como incômodo *

Para Eduarda,
com tudo.

Alguma coisa me desgosta na atitude desdenhosa, porquanto negligente, com que a crítica atuante vem tratando (ou não vem tratando) a obra de Arturo Gouveia, autor de *O mal absoluto* (1996), *A farsa dos milênios* (1998a) e *Os nove décimos* (1998b). Por isso resolvi escrever sobre o assunto, embora receie que os neovetustos, aqueles que só escrevem sobre metalinguagem, transijam, por pura gaiatice, em dizer que, afinal, eu tenha mesmo razão, a obra arturiana não é tão má assim, pelo menos não é tão má quanto a minha própria crítica, que se apressa em dizer que essa obra não é péssima, e o faz sem ares de especialista.

Se insisto em escrever este ensaio, porém, não é porque espero dele um primor de texto crítico, com sofisticados recursos teóricos (embora eles existam) mas porque acredito na força de combate da palavra articulada. O silêncio, já se disse, é reacionário, e se há um epíteto que jamais gostaria de receber este é sem dúvida o de reacionário, ou omisso. Só um cego não vê que Arturo, apesar de sua excentricidade

---

* Publicado originalmente em: CORREIO DAS ARTES, João Pessoa, Dezembro de 2001.

pessoal, está preparando uma obra poderosa em mais de um aspecto. Uma obra que leva a pensar não só a própria literatura e seu destino como o próprio destino contemporâneo do homem e sua história. Não se dedica à literatura como sorriso da sociedade ou cócegas da vaidade individualista. Nele a literatura sabe-se a si mesma como forma de conhecimento crítico do mundo atual.

Sem dúvida, pode-se dizer que ela é somente uma obra de arte brilhantemente construída ou não, mas para ele uma obra de arte não é somente pura *estesia*, piruetas verbais, formas arredondadas. Formas, verbos e piruetas estéticas se configuram no afinco de criar uma concepção de mundo, ao mesmo tempo que se combinam para frustrar – pela crítica mordaz – o mundo preexistente à obra. Se não levarmos isso em conta, não apenas confessamos a unilateralidade de nossa concepção de literatura e arte, mas também deixamos passar despercebido o trabalho extremamente importante de um artista coetâneo.

A história da literatura universal mostra à náusea casos de escritores que, incompreendidos por sua época, foram, quando não esmagados por uma crítica tão valente quanto obtusa, relegados ao anonimato e ao limbo do silêncio. Arturo correria o risco de receber iguais destinos, não fosse felizmente sua implacável incapacidade de tornar-se vítima. Crítico ferrenho dos grupelhos literários, compostos em geral por frágeis seres humanos capazes de escrever somente pela única necessidade de receber um elogio no sentido de os fazer acreditar ser aquilo que eles mesmos não são por conta própria, mas que, em todo caso, bem gostariam de ser, Arturo prefere mil vezes o escanteio (desde que não perca a consciência do alcance de seu trabalho) a flores de uma retórica tão brilhante quanto vazia, porquanto destituída de qualquer projeto mais elaborado de pensamento. É do escanteio que ele reelabora o conceito de vítima e faz explodir por dentro o esquema mental afeito a pôr as coisas em termos de "vítimas e algozes", como se ainda não tivéssemos sido avisados da "sublime pretensão da palavrinha *e*". Ele não é menos crítico das vítimas quanto o é dos algozes. Assim, nem mocinho nem bandido, produz uma literatura, sim, capaz de desmantelar todo um sistema corrente de pensamento.

Não é, portanto, de se estranhar que receba dos críticos *correntemente* atuantes esse enorme silêncio a respeito de sua obra. Tudo aí se passa como se eles dessem razão àquela máxima de Wittgenstein: "do que não se pode falar, deve-se calar". O silêncio sobre a obra de Arturo testemunharia, no mínimo, a impotência de certa crítica em renovar-se na medida mesma do inusitado de seus novos objetos. Ou, se estou enganado quanto a isso, o leque de causas alternativas se torna muito mais frondoso: inveja, provincianismo, suscetibilidade ferida, mesquinharia intelectual, preguiça mental e medo de encarar, desmascarado, o próprio rosto escarnecido. A propósito disto e contra este silêncio, porém, gostaria de mostrar que a obra de Arturo realiza um conceito de literatura altamente fecundo, o de literatura como incômodo.

Com efeito, a literatura por ele produzida não incomoda somente os leitores comuns, mas também a crítica oficial. Digo assim porque, se não cuidarmos disso, cometeremos com Arturo o mesmo equívoco cometido por gerações e gerações de leitores sobre a obra de Augusto dos Anjos. Sim, porque salvo engano Arturo logra atingir na prosa paraibana o mesmo que, na poesia, somente Augusto dos Anjos fora capaz de realizar: não a expressão de suas frustrações e outros desesperos, como em geral se costuma dizer do velho Augusto, mas o agenciamento das palavras, das imagens, das idéias e das emoções para configurar uma crítica radical do curso do mundo. É essa crítica radical o teor dos contos de Arturo, nisso muito próximo não só de Antonio Callado como também de Rubem Fonseca, e é na observação dela que acedemos a uma compreensão do valor e do alcance do seu trabalho.

Em seus contos, como dissemos, Arturo desmantela certo esquema mental afeito a colocar em posição de atrito linear o bem e o mal. Que se recorde, por exemplo, o conto "O êxtase de Santa Teresa". A mesma diretora de colégio que demite o professor e o humilha com o mais fino cinismo é ótima anfitriã e enternecida mãe. O mesmo professor humilhado e ofendido é algoz impiedoso de uma pequena inocente, a filhinha da diretora, brutalmente assassinada, mas também forte candidata a se tornar um Iemo, cretino personagem do conto "O bem do mar", de *A farsa dos milênios*. Se Dostoiévski, no século XIX, destacou-se por interiorizar na prosa de ficção a voz dos oprimidos, que deixam de ser simplesmente representados de fora pelo escritor e passa a se representarem a si mesmos pela força da própria arte literária, nem por isso deixa de apostar do alto (do alto de suas convicções cristãs) na bondade intrínseca dos ofendidos. Arturo hoje retoma esse projeto dostoieviskiano, mas o dissipa neste ponto central: não acredita que somente por ser pobre o miserável é também bom. Em outro conto de *O mal absoluto* encontramos essa preciosidade: "em cada canto eu me deparava com mendigos. Um deles, no Anhagabaú, estava surrando a mulher. Parei para ver mais de perto. A primeira dama estava sendo esbofeteada pelo fedorento, talvez enciumado, traído por algum conselheiro. Essa cena quebrou de vez meus resquícios de maniqueísmo. Então quer dizer que um miserável agride outro miserável com imponência e autoridade. Há uma classe dominante entre os enterrados vivos" (p. 23). Já o modo irônico com que designa a mulher do mendigo ("a primeira dama") e o seu provável amante ("algum conselheiro") atesta a quebra não só do maniqueísmo entre o bem e o mal mas também da própria linguagem que o sustentaria: a violência mundana é descrita como se fosse uma cena da corte. O mendigo, supra-sumo do ofendido e humilhado, surge todavia imponente e autoritário, como um rei, um prefeito, um governador...

Esse desmantelo, quiçá o melhor do seu trabalho, ocorre passo a passo em combinação com a produção de sua própria poética, a que gostaria de chamar uma poética do incômodo. Se a divisão entre o bem e o mal não corresponde à divisão das classes sociais, não é segundo a idéia de que também nas classes dominantes existem pessoas boas, como nas classes dominadas existem os perversos, os escroques. Isso também seria senão superficial, ingênuo. Bem e mal, percebe-se, não são em Arturo fenômenos de classe. Não decorre de uma análise sociológica implícita na narrativa em termos de luta de classes, mas de uma antropologia filosófica que se detém no estudo das paixões individuais. O bem e o mal são visados a partir da perspectiva do indivíduo. Não é o pobre ou o rico que são bons ou maus, é o homem. O bem e o mal são elementos em conflitos no interior de uma mesma pessoa, independentemente de sua origem social. Contudo, o homem como pessoa não é uma idéia abstrata, a-histórica. O homem que é bom e mau ao mesmo tempo e age com o furor e a violência com que vemos agir os personagens arturianos são indivíduos formados segundo certa lógica social violenta ela mesma em sua essência (também ela histórica). É o homem formado segundo a lógica do capitalismo, do fetichismo da mercadoria. Arturo, assim, prescinde de uma análise sociológica na caracterização do bem e do mal para utilizá-la a seguir com mais vigor e eficácia. Bem e mal são assuntos, digamos, de psicologia ou antropologia filosófica; são coisas de indivíduo. Mas o indivíduo nada tem de isolado. É indivíduo interagindo com outros segundo certas leis sociais. As leis do mercado, da competitividade, da mais-valia. São estas leis o chão histórico da maldade. O capitalismo seria o mal radical... A poética do incômodo se elabora sob a consciência desse fato.

Antes, porém, de esclarecer esta última afirmação, que me seja permitido dilucidar duas prováveis objeções. Primeiro, a de que antes do capitalismo também existia o mal; segundo, a de que dentro do capitalismo também pode existir o bem. Sem dúvida, isso pode ser verdadeiro. Ainda que devêssemos elucidar previamente se pensamos na mesma coisa quando pronunciamos a palavra "mal". A tortura, como o mercado, não são invenções do capitalismo. Ocorre somente que em nenhuma outra época a razão fora burilada com tanto afinco para tornar o mercado e a tortura tão eficazes. Em nenhum outro regime sócio-econômico, senão sob o capitalismo moderno, uma e outra coisa foram aperfeiçoadas tão "cientificamente". Conforme diz o próprio Arturo na "Pró-ética" de seu terceiro livro, *Os nove décimos*, "tornamos a vida sobrevivência. Em sua busca, nos desdobramos em pequenas hecatombes, distribuindo os dedos em abismos. Irmã gêmea da morte, a sobrevivência nos impele ao inverossímil, à hipocrisia refinada, que eufemicamente chamamos de necessidade. Tal é a épica dos homens, das veredas selvagens às cavernas da história. O século vinte foi além. Infantilizou os séculos passados. Brutalizou todas as noções e conceitos. E abriu caminho de volta à pré-história, com o milênio grutal que se desenha". O mal do Capital, pode-se dizer, é um mal radical, sim: não vem de impulsos irracionais, surge ao contrário da impostura da própria razão. O que não significa que, para destruir a lógica do Capital, precisemos dar adeus à razão. Devemos antes, com ela mesma ou com seu antípoda, a imaginação, desmascarar suas imposturas. Torcê-la.

Quanto ao bem, devo dizer sem delongas que o único bem passível de existir sob o capitalismo é toda e qualquer brecha por ele deixada inadvertidamente em aberto que surja como possibilidade de destruí-lo. Por exemplo, o próprio livro de ficção. Como tudo o mais, o livro é uma mercadoria. Vige sob as leis do mercado. Os de Arturo estão à venda. Nós o compramos como compramos uma blusa ou uma garrafa de vinho. Pagamos imposto por isso e o próprio autor só ganha dessa compra apenas dez por cento. Como toda outra mercadoria produzida sob as leis do mercado, também esta é alienada, tomada de seu produtor. Mas há uma brecha: a literatura impressa nesta mercadoria pode não sancionar o que vige aquém dela, a lógica do Capital. Pode elaborar-se no sentido de contrariá-la. Arturo tem plena consciência dessa ambigüidade e a explora exaustivamente. Ele mesmo ajuda a vender seus livros, mas sabe que o que se encontra naquela mercadoria é uma mordida venenosa na carne do *status quo* capitalista tardio. É a esta mordida que chamo de sua poética do incômodo. Ler Arturo é marcar um encontro com a hipérbole do mal; sentimo-nos humilhados como seus personagens, mas também nos flagramos presas do mesmo rancor que os faz agir destrutivamente – e é talvez justo isso o que mais nos incomoda, nossa inapelável cumplicidade com o mal.

O que significa, em outros termos, que a prosa de Arturo, construída por uma imaginação poderosa, não fere somente a nossa sensibilidade; fere também nossa razão. Compreender como isso ocorre e por que ocorre é, ao mesmo tempo, responder à pergunta pelo sentido de seu trabalho, que é, diga-se de passagem, um trabalho de pedagogo, de alguém cuja principal preocupação (e ocupação) é o ensino, a transmissão de uma capacidade crítica para acolher certas experiências e pensá-las. Pode-se mesmo dizer que o trabalho literário de Arturo é serviço de extensão universitária, já que o escritor é de fato também docente. Ocorre apenas que este ensino (não mais da literatura, mas pela literatura) dá-se a contrapelo. Atende a uma espécie de antipedagogia porque, como toda boa obra literária, não se deixa levar por nenhuma ingenuidade bem pensante ou professoral. Seus contos perlaboram um movimento retorcido do próprio real, criticando-o de revés. Ou seja, ao desajustar o esquema mental dominante mediante os golpes de suas expressões não direi grosseiras, mas agressivas, Arturo exibe o real não segundo nossas representações imediatas dele, mas em sua verdade efetiva. Seus contos produzem uma rede de inteligibilidade através da qual captamos o sentido ou o não sentido da história em seu movimento interno, em suas articulações *reais*, vale dizer, não-ideológicas. Neles, a crueza das expressões é o real e o real é a crueza do que é exprimido. Notável, nesta instância, é a peça teatral incluída como um conto no livro *O mal absoluto*; nela não se destacam as virtuoses de um narrador, mas a arte de um autor capaz de atingir o cerne de uma realidade através da multiplicação de níveis imaginários do real. O incômodo certo aí gerado é o efeito de sua eficácia em nós. Não são, em síntese, contos para serem lidos à pérgula da piscina. Ou o são, contanto que, enquanto comemos nosso caviar, tranqüilizados pelas grades fortes de nosso condomínio fechado, não disfarcemos nossa cumplicidade com o sistema vigente, nossa cumplicidade com o mal.

O incômodo em Arturo está por toda parte, ainda que a solução dos problemas sociais nele arrolados não esteja em parte alguma. Mas é justamente por isso que sua obra deve ser cuidadosamente estudada.

Um dia ainda farão isso.

Dados do Autor

Abrahão Costa Andrade, poeta e ensaísta paraibano, nasceu em 1974. Cursou Filosofia na Universidade Federal da Paraíba, onde lecionou em 1995. Entre 1996 e 2001, fez mestrado e doutorado em Filosofia na Universidade de São Paulo, sob a orientação da professora Olgária Matos, debruçando-se sobre a obra de Paul Ricoeur. Interessa-se particularmente pela aproximação entre a Filosofia e a Literatura, tendo publicado os livros *Ricoeur e a formação do sujeito* (Ed. PUC-RS, 2000) e *O idioma dos pães* (Ed. UFPB, 1996), entre outros. Atualmente, é professor do Departamento de Filosofia da Universidade Federal do Rio Grande do Norte.

Títulos Publicados

1 Cidadania e Educação
Nílson José Machado

2 Cérebros e Computadores
A complementaridade analógico-digital na informática e na educação
Robinson Moreira Tenório

3 Matemática e Música
O pensamento analógico na construção de significados
Oscar João Abdounur

4 Jung e a Educação
Uma análise da relação professor/aluno
Cláudio Saiani

5 Educação: Projetos e valores
Nílson José Machado

6 Caderno de Fogo
Ensaios sobre Poesia e Ficção
Carlos Nejar

7 Feminino + Masculino
Uma nova coreografia para a eterna dança das polaridades
Monica von Koss

8 Borges
O mesmo e o outro
Álvaro Alves de Faria

9 Família e Doença Mental
Repensando a relação entre profissionais de saúde e familiares
Jonas Melman

10 Meios Eletrônicos e Educação
Uma visão alternativa
Valdemar W. Setzer

11 Martí e a Psicologia
O poeta e a unidade cognição/afeto
Diego Jorge González Serra

12 Servidão Ambígua
Valores e condição do magistério
Gilson R. de M. Pereira

13 O Começo da Busca
O Surrealismo na poesia da América Latina
Floriano Martins

14 A Sociedade dos Chavões
Presença e função do lugar-comum na comunicação
Claudio Tognolli

15 O Desconcerto do Mundo
Do Renascimento ao Surrealismo
Carlos Felipe Moisés

16 Ética e Jornalismo
Uma cartografia dos valores
Mayra Rodrigues Gomes

17 Da Religiosidade
A literatura e o senso de realidade
Vilém Flusser

18 Jornalismo e Literatura
A sedução da palavra
Gustavo de Castro e Alex Galeno (organizadores)

19 Patativa do Assaré
A trajetória de um canto
Luiz Tadeu Feitosa

20 Angústia da concisão
Ensaios de filosofia e crítica literária
Abrahão Costa Andrade

Impresso em março de 2003, em offset 75g/m²
nas oficinas da Lis Gráfica.
Composto em AGaramond, corpo 11pt.

Não encontrando este título nas livrarias,
solicite-o diretamente à editora.

Escrituras Editora e Distribuidora de Livros Ltda.
Rua Maestro Callia, 123 – Vila Mariana – 04012-100 – São Paulo, SP
Telefax: (11) 5082-4190 – www.escrituras.com.br
e-mail: escrituras@escrituras.com.br (Administrativo)
e-mail: vendas@escrituras.com.br (Vendas)
e-mail: arte@escrituras.com.br (Arte)